HERNANDES DIAS LOPES

PEDRO

PESCADOR DE HOMENS

© 2015 por Hernandes Dias Lopes

1ª edição: outubro de 2015
4ª reimpressão: junho de 2025

Revisão: Josemar de Souza Pinto e Andréa Filatro
Diagramação: Catia Soderi
Capa: Julio Carvalho
Editor: Aldo Menezes
Coordenador de produção: Mauro Terrengui
Impressão e acabamento: Imprensa da Fé

As opiniões, as interpretações e os conceitos desta obra são de responsabilidade de quem a escreveu e não refletem necessariamente o ponto de vista da Hagnos.

Todos os direitos desta edição reservados à
EDITORA HAGNOS LTDA.
Rua Geraldo Flausino Gomes, 42, conj. 41
CEP 04575-060 — São Paulo, SP
Tel.: (11) 5990-3308

E-mail: editorial@hagnos.com.br | Home page: www.hagnos.com.br
Editora associada à Associação Brasileira de Direitos Reprográficos (ABDR)

Dados Internacionais de Catalogação na Publicação (CIP)

Lopes, Hernandes Dias.
Pedro: pescador de homens / Hernandes Dias Lopes. — São Paulo: Hagnos, 2015.

ISBN 978-85-7742-176-3

1. Pedro: apóstolo 2. Apóstolos: biografia 3. Líderes cristãos: biografia
I. Título.

15-0852   CDD 922:22

Índices para catálogo sistemático:
1. Líderes cristãos: biografia
   Angélica Ilacqua CRB-8/7057

DEDICATÓRIA

Dedico este livro ao casal Luís Antonio Castelli e Maria José Lopes, irmãos preciosos, consoladores dos santos, bálsamo de Deus em minha vida, cooperadores de nosso ministério.

Sumário

Prefácio 7

1. Pedro, um homem chamado por Jesus 11

2. Pedro, um homem contraditório 18

3. Pedro, um homem desprovido de entendimento 25

4. Pedro, um homem vulnerável 31

5. Pedro, um homem restaurado por Jesus 66

6. Pedro, um homem usado por Deus 80

7. Pedro, um pregador cheio do Espírito Santo 96

8. Pedro, um defensor do evangelho 118

9. Pedro, um homem que operou milagres 132

10. Pedro, um escritor inspirado pelo Espírito Santo 138

11. Pedro, um homem que nunca foi papa 148

Prefácio

Pedro é a personagem mais contraditória da História. Oscilava como uma gangorra desde os picos mais altos da coragem até as profundezas da covardia mais vil. Com a mesma velocidade que avançava rumo à devoção mais fiel, dava marcha a ré e tropeçava nas próprias palavras. Pedro é mais do que um homem paradoxal; é um emblema. Pedro é o nosso retrato. É a síntese da nossa biografia. O sangue de Pedro corre em nossas veias, e o coração de Pedro pulsa em nosso peito. Temos o DNA de Pedro. Oscilamos também entre a devoção e a covardia. Subimos aos píncaros e caímos nas profundezas. Falamos coisas lindas para Deus e depois tropeçamos em nossa língua e blasfemamos contra ele. Prometemos inabalável fidelidade e depois revelamos vergonhosa covardia. Revelamos uma fé robusta num momento e em seguida naufragamos nas águas revoltas da incredulidade. É isso que somos: Pedro!

Quem era Pedro? Pedro era filho de Jonas e irmão de André. Nasceu em Betsaida, bucólica cidade às margens do mar da Galileia. Pedro era um pescador rude e iletrado, mas detentor de uma personalidade forte. Era notório seu dom de liderança. Pedro era casado. Fixou residência em Cafarnaum, quartel-general de Jesus em seu ministério. Nessa cidade tinha uma empresa de pesca em sociedade com Tiago e João, os filhos de Zebedeu.

Pedro foi levado a Cristo pelo seu irmão André. Desde que foi chamado por Cristo para ser um pescador de homens, ocupou naturalmente a liderança do grupo apostólico. Seu nome figura em primeiro lugar em todas as listas neotestamentárias que apresentam os nomes dos apóstolos. Foi o líder incontestе dos apóstolos antes da morte de Cristo e o destacado líder depois da ressurreição de Cristo. Foi o homem que abriu as portas do evangelho tanto para os judeus como para os gentios.

Seu ministério foi direcionado especialmente aos judeus, aos da circuncisão. Foi o grande pregador da igreja primitiva em Jerusalém, aquele que levou a Cristo cerca de três mil pessoas em seu primeiro sermão depois do Pentecostes. Também foi dotado pelo Espírito Santo para operar grandes milagres. Até mesmo sua sombra era instrumento poderoso nas mãos de Deus para curar os enfermos.

Pedro foi como uma pedra bruta burilada pelo Espírito Santo. De um homem violento, tornou-se um homem manso. De um homem afoito e precipitado, tornou-se um homem ponderado. De um homem explosivo, tornou-se um homem controlado e paciente. De um homem covarde, tornou-se um gigante que enfrentou prisões, açoites e a própria morte com indômita coragem.

PREFÁCIO

Pedro foi um homem de oração. Tinha intimidade com Deus. Porque prevalecia secretamente diante de Deus em oração, levantava-se com poder diante dos homens para pregar. Pedro foi um pescador de homens e um presbítero entre outros presbíteros. Jesus colocou em sua mão o cajado de pastor e ordenou-lhe apascentar seus cordeiros e pastorear suas ovelhas. Pedro foi um homem que encorajou a igreja a enfrentar o sofrimento da perseguição e também denunciou com inabalável coragem os falsos mestres que perturbavam a igreja. Esse foi o teor respectivo de suas duas epístolas. Pedro foi um missionário que, junto com sua esposa, anunciou o evangelho em muitos redutos do império romano. Pedro exaltou Cristo em sua vida e glorificou Deus através de sua morte. Que você e eu sigamos as pegadas desse homem de Deus e que em nossa geração Cristo seja conhecido em nós e através de nós!

O que podemos aprender com esse homem? Quais são os traços da sua vida que lançam luz sobre a nossa realidade? Como ele pode ser o nosso pedagogo? Convido você a caminhar comigo, a fim de aprendermos um pouco mais sobre Pedro.

CAPÍTULO 1

PEDRO, UM HOMEM CHAMADO POR JESUS

Pedro era galileu. Nasceu e cresceu numa terra de escuridão. A influência gentílica era esmagadora na Galileia. Essa região era conhecida como Galileia dos gentios, terra de trevas e escuridão. Prosperavam nessa terra muitas crendices, muitas crenças estranhas e contrárias à fé judaica. Um dia Pedro foi levado a Cristo pelo seu irmão André. Este era pacato e reflexivo. Nunca esteve sob as luzes da ribalta. Nunca ocupou lugar de preeminência. Sempre foi ativo e operoso, mas sempre trabalhou nos bastidores. Pedro, desde que teve um encontro com Cristo, exerceu uma liderança notória dentro do grupo apostólico. Tornou-se um dos apóstolos mais próximos de Jesus. André jamais teve a projeção de seu irmão, porém teve o privilégio de levar seu irmão a Cristo.

A escolha que Jesus fez dos apóstolos nos surpreende profundamente. Nenhum empreendedor selecionaria aquele grupo. Eram homens com muitas limitações. Nenhum deles era de nobre estirpe. Nenhum deles ocupava o

topo da pirâmide social. Eram galileus, uma raça despre-
zada. Eram iletrados, marginalizados socialmente. Eram
homens carregados de uma cultura religiosa eivada de
sincretismo. Pedro era inconstante, e André, tímido. Tiago e João eram conhecidos como filhos do trovão, homens
explosivos. Filipe era cético, e Bartolomeu, preconceituo-
so. Tomé era incrédulo, e Mateus, comprometido com o
esquema de arrecadação abusiva de impostos. Tiago, filho
de Alfeu, e Judas eram tão tímidos que seus nomes não
figuram em nenhum episódio relevante. Judas Iscariotes,
o tesoureiro do grupo, era o filho da perdição, o homem
que traiu Jesus por míseras trinta moedas de prata.

Jesus escolheu esses homens não por aquilo que eles
eram, mas por aquilo que eles vieram a ser. E vieram a
ser não por desenvolverem seu potencial, mas pela trans-
formação operada neles por Jesus e pela capacitação do
Espírito Santo.

Um dos episódios mais marcantes no chamado de
Pedro deu-se às margens do mar da Galileia. Pedro, André, Tiago e João, por serem sócios, empresários da pesca, haviam trabalhado a noite toda sem nenhum sucesso
(Lucas 5:1-5). Voltavam do labor noturno de redes vazias.
Não tinham nada para oferecer aos seus clientes. O saldo
era negativo. O déficit no orçamento era certo. Ao mesmo
tempo que lavavam as redes, a multidão apertava Jesus,
ávida por ouvir seus ensinos.

Às margens desse lago de águas doces, também chamado de lago de Genesaré ou mar da Galileia, de 23

PEDRO, UM HOMEM CHAMADO POR JESUS

quilômetros de comprimento por 14 quilômetros de largura, encurralado no lado ocidental pelas montanhas da Galileia e no lado oriental pelas montanhas de Golã, Jesus entra no barco de Pedro, ancorado na praia, e ordena-lhe afastá-lo um pouco da praia. Jesus fez do barco um púlpito; da praia, um templo; e da água espelhada, um amplificador de som. Dali ele ensina a grande multidão, que bebia a largos sorvos seus benditos ensinamentos.

A pergunta que se deve fazer é por que Jesus entrou no barco de Pedro, e não no outro barco? Por que Jesus se dirigiu a Pedro, e não a outro companheiro de pescaria, para afastar o barco? Por que Jesus concentrou sua atenção nesse rude pescador?

Depois de Jesus despedir a multidão, dirige-se a Pedro, e não aos seus companheiros, dando-lhe uma ordem expressa: [...] *Vai mais para dentro do lago; e lançai as vossas redes para a pesca* (Lucas 5:4). A ordem é a Pedro, mas as redes são de todos. A ordem é a Pedro, mas a parceria da pescaria era de todos. Havia naquele episódio um propósito específico de trabalhar na vida de Pedro. O experiente e perito pescador responde a Jesus, dizendo que pescar era sua especialidade. Ele conhecia tudo acerca daquele mar. Conhecia cada metro quadrado daquele lago. Ali era seu território mais conhecido e mais explorado. Era o campo de onde tirava o seu sustento. Pedro garante a Jesus que o mar não estava para peixe, que todo o esforço havia sido em vão. Dominado por um realismo profundo, manifesta sua opinião de que qualquer outro esforço seria inútil. Pedro apresenta diante de Jesus sua lógica fria, sua experiência madura, sua certeza experimental.

Ao mesmo tempo, porém, que expressa sua convicção de total impossibilidade de êxito, movido por uma fé robusta, diz: [...] *mas, por causa da tua palavra, lançarei as redes* (Lucas 5:5). Pedro oscila entre a realidade desanimadora da experiência frustrante e a fé vitoriosa; entre a improbabilidade do esforço humano e a manifestação do poder de Jesus. Ao mesmo tempo que diz que a pescaria já havia sido feita sem nenhum resultado, dispõe-se a agir novamente sob a ordem de Jesus. O mesmo Pedro que já estava lavando as redes para guardá-las até o dia seguinte, toma-as de novo e volta para o mar, debaixo da ordem expressa de Jesus. Pedro é esse homem que, como um pêndulo, vai de um extremo ao outro.

Quando as redes foram lançadas em nome de Jesus, um milagre aconteceu. Um cardume de peixes começou a pular dentro das redes. Os apóstolos nunca tinham visto isso. Era algo extraordinário. O barco em que estavam não conseguiu comportar a quantidade de peixes. As redes se romperam pejadas de peixes. Fizeram sinais para que o outro barco viesse ao encontro deles a fim de salvar o resultado da pescaria milagrosa. Para quem não tinha conseguido nada na última empreitada, eles agora alcançaram um resultado nunca visto. Uma convicção tomou conta da alma de Pedro. Aquele resultado extraordinário não era um incidente qualquer. Ele não estava apenas vivendo um dia de sorte em sua empresa. Algo milagroso estava

PEDRO, UM HOMEM CHAMADO POR JESUS   15

acontecendo. Um poder sobrenatural estava em ação. Ele não estava diante de um homem comum. Certamente o Jesus que acabara de ensinar a multidão avalizava, agora, suas palavras com sua ação miraculosa. Ele estava diante do próprio Deus feito carne. Essa convicção esmagou seu coração.

Pedro, então, deixa o mar, o barco, as redes, os peixes, os sócios e corre ao encontro de Jesus, prostra-se aos seus pés e clama: [...] *Afasta-te de mim, Senhor, porque sou um homem pecador* (Lucas 5:8). Pedro reconhece que Jesus é Deus e que ele próprio não passa de um mísero pecador, que não tem direito de estar ao lado de Jesus. Pedro sabe que Jesus é mais do que um rabi, é mais do que um grande homem, é mais do que alguém que tem poder para fazer milagres. Pedro sabe que Jesus é santo e ele, indigno. Sabe que Jesus é exaltado e ele, vil. Sabe que com seus pecados não pode estar face a face com aquele que é santo e sublime.

Jesus não se afasta de Pedro, mas o atrai ainda mais a ele. Diz para ele não temer. O mesmo Jesus que ordenara a Pedro lançar as redes ao mar, agora pesca Pedro com a rede de sua graça. O mesmo Jesus que manifestara seu poder na pesca maravilhosa, agora vai, através de Pedro, fazer a mais gloriosa das pescarias, a pescaria de homens.

Jesus, em vez de ir embora, convoca Pedro para um novo desafio, uma nova empreitada. Ele lhe disse: [...] *Não temas; de agora em diante serás pescador de homens* (Lucas 5:10). Pedro não era um pescador de homens nem se tornou um deles por si mesmo. É Jesus quem fez de Pedro um pescador de homens. É Jesus quem capacita o homem a ser instrumento eficaz para levar outros homens aos seus pés. Pedro deveria usar toda a sua experiência de pescador para um outro "negócio". Pescar homens é o mais importante, o mais urgente, o mais sublime trabalho que se pode fazer na terra. Esse trabalho tem consequências eternas. Nem todo o ouro do mundo poderia comprar a salvação de um homem. A partir desse momento, o dinheiro não deveria ser mais o vetor que governaria as motivações de Pedro, mas a salvação de vidas. Pedro deveria investir seu tempo, sua inteligência e seu esforço na salvação de pessoas.

Pedro foi transformado em pescador de homens. Sua empresa pesqueira fechou. Seus barcos foram arrastados para a praia, e suas redes foram aposentadas. Um novo empreendimento foi iniciado. Uma nova frente de trabalho foi aberta. Um novo negócio foi inaugurado. Embora os outros sócios tenham também abandonado seus barcos e suas redes para seguirem Jesus, a palavra é endereçada a Pedro: "Eu farei de você um pescador de homens!" E, de fato, Pedro vai ser preparado para atuar como um pescador de homens, para lançar a rede do evangelho para levar multidões a Cristo. Ele é o grande pregador, o grande líder, que, cheio do Espírito Santo, vai ser poderosamente usado para abalar as estruturas do inferno e arrancar da potestade de Satanás milhares de vidas e transportá-las para o reino da luz. Pedro é o homem usado por Deus para abrir a porta do evangelho tanto para os judeus como para os gentios. Mais tarde, Jesus coloca, também, nas mãos de

Pedro o cajado de um pastor (João 21:15-17) para apascentar os cordeiros e pastorear as ovelhas de Cristo.

Pedro não apenas é salvo por Jesus, mas, também, transformado em discípulo e apóstolo dele. Não foi apenas escolhido como apóstolo, mas como o líder de seus pares. Pedro tornou-se um dos apóstolos mais próximos de Jesus. Junto com Tiago e João, Pedro formou o grupo dos discípulos que desfrutaram de maior intimidade com Jesus. Somente os três entraram na casa de Jairo, quando Jesus ressuscitou sua filha. Somente os três subiram o monte da transfiguração e viram Jesus sendo transfigurado e conversando com Moisés e Elias acerca de sua partida para Jerusalém. Somente os três desfrutaram do momento mais crucial da vida de Jesus, no jardim de Getsêmani, quando confessou que sua alma estava profundamente triste até a morte. Pedro, Tiago e João viram como ninguém o poder de Jesus sobre a morte na casa de Jairo, a glória antecipada de Jesus no monte e sua agonia indizível no Getsêmani.

É bem verdade que dessas três ocasiões Pedro teve uma postura repreensível em duas delas. No monte da transfiguração, Pedro, sem saber o que falava, equiparou Jesus a Moisés e Elias, representantes da lei e dos profetas respectivamente. Ali no topo daquela montanha banhada de luz aurifulgente, Pedro não discerniu a centralidade da pessoa de Jesus nem a centralidade de sua obra. No Getsêmani, mesmo depois de prometer a Jesus fidelidade irrestrita, Pedro dormiu na hora da batalha mais renhida da humanidade, quando Jesus orou, chorou e suou sangue.

Capítulo 2

Pedro, um homem contraditório

Pedro é símbolo da nossa natureza ambígua, contraditória e paradoxal. É homem que chega às alturas excelsas e desce aos vales profundos. É o homem que faz declarações ousadas e demonstra em seguida uma postura covarde. É o homem que faz promessas de fidelidade incondicional para logo depois negar seu nome, sua fé e seu Senhor, com juramentos e anátemas. É o homem que faz avanços inusitados e dá marcha a ré com a mesma velocidade. Nós não somos diferentes de Pedro. O sangue de Pedro corre em nossas veias, o coração de Pedro bate em nosso coração. Nós temos o DNA de Pedro. Nós somos Pedro!

Pedro entre a fé e o medo

Depois de multiplicar pães e peixes para uma multidão faminta, Jesus ordenou seus discípulos a entrarem no barco e voltarem para casa, enquanto ele mesmo ficou despedindo as multidões. Enquanto navegavam rumo a

PEDRO, UM HOMEM CONTRADITÓRIO

Cafarnaum, uma tempestade avassaladora os surpreendeu. Inutilmente tentaram contornar a situação. A experiência deles naquele mar não era suficiente para resolver o doloroso impasse. O barco estava prestes a naufragar. Todos os recursos que possuíam demonstraram-se inúteis. Já estavam esgotados e desesperançados. A noite trevosa lançava sobre eles ainda mais pavor. De repente, na quarta vigília da noite, Jesus aparece andando sobre as ondas. Um faixo de luz risca os céus, e eles veem um vulto majestoso andando firmemente sobre as ondas revoltas. O pânico toma conta de todos. Pensam ser um fantasma. Jesus, porém, acalma o coração deles, apresentando-se e ordenando-lhes não terem medo: [...] *Tende coragem! Sou eu. Não temais* (Mateus 14:27). Pedro, movido pela fé, diz a Jesus: [...] *Senhor, se és tu, manda-me ir sobre as águas até onde estás* (Mateus 14:28). Pedro destaca-se dentre seus pares. Demonstra confiança inabalável em seu Senhor. Está pronto a saltar de seu frágil e surrado barco e entrar no mar encapelado. Jesus diz a ele: [...] *Vem* (Mateus 14:29), e Pedro não titubeia. Num arroubo audacioso, salta do barco surrado pela fúria das ondas e começa a andar sobre o mar agitado. Fato extraordinário! Milagre sublime! Pedro vence a fúria do mar. As ondas tornam-se terra firme debaixo de seus pés.

Num instante, porém, Pedro olhou para a fúria do vento e para as ondas revoltas e teve medo. Nesse instante, começou a naufragar. Enquanto estava com seus olhos fitos em Jesus, avançou sobranceiro. Mas, ao tirar os olhos de Cristo e fixá-los no problema, afundou. Então, gritou de imediato: [...] *Senhor, salva-me* (Mateus 14:30). Jesus, prontamente, estendeu-lhe a mão e arrancou-o da fúria das ondas, dizendo-lhe: [...] *Homem de pequena fé, por que duvidaste?* (Mateus 14:31). Pedro oscilou entre a fé e a dúvida, entre a crença e a incredulidade, entre a confiança e o medo.

PEDRO ENTRE A BEM-AVENTURANÇA E A REPROVAÇÃO

Outra cena que retrata esse fato de forma eloquente está em Mateus 16. Jesus estava caminhando por Cesareia de Filipe, no extremo norte de Israel, nas fraldas do monte Hermom, o monte mais alto de Israel, na divisa com o Líbano, onde nasce o rio Jordão. Ali Jesus fez uma enquete com seus discípulos, perguntando-lhes: [...] *Quem os homens dizem ser o Filho do homem?* (Mateus 16:13).

Os discípulos abriram o mapa diante de Jesus e responderam que o povo estava confuso e assaz equivocado acerca de sua identidade. Disseram: [...] *Alguns dizem que é João Batista; outros, Elias; outros: Jeremias, ou algum dos profetas* (Mateus 16:14). Aquela região fortemente marcada pelo paganismo gentílico tinha crenças influenciadas pela antiga doutrina da metempsicose, ou transmigração das almas, mais conhecida hoje por reencarnação. O misticismo acerca de Jesus, e não a verdade, dominava a mente daqueles toscos galileus. Mesmo Jesus tendo pisado aquele chão e realizado naquela região tão portentosos milagres, o povo não o

PEDRO, UM HOMEM CONTRADITÓRIO

conhecia. Mesmo frequentando as sinagogas e ouvindo a leitura da lei, não tinham discernimento para reconhecer o Messias. A confusão religiosa e a cegueira espiritual predominavam naquelas plagas.

O povo ainda hoje não conhece claramente quem é Jesus. Alguns o veem apenas como um profeta; outros, como um espírito iluminado. Há aqueles que imaginam que Jesus é um mestre moral. Não faltam os abusados para tachar Jesus de comunista, de revolucionário e até de *hippie*. O mundo não conhece Jesus. Seus olhos estão tapados por uma venda, e seus ouvidos, fechados por um tampão. O coração dos homens é pedra insensível e jamais compreenderá a verdade de Deus, a menos que Deus se revele a eles. Somente o Pai pode revelar o Filho, e apenas aqueles cujos olhos são abertos pelo próprio Deus podem conhecer e confessar Cristo.

Concordo com C. S. Lewis quando ele diz que, com respeito a Cristo, estamos condenados a tomar uma das três decisões: Jesus é mentiroso, lunático ou Deus. Se Jesus afirmou ser quem não é, então é um mentiroso. Se Jesus pensou ser quem não é, então é um lunático. Se, porém, Jesus é quem ele disse ser, então ele é Deus! Aqueles que negam a divindade de Cristo e ao mesmo tempo defendem que ele é um profeta ou um mestre moral entram em absurda contradição. Quem mente acerca da própria identidade e afirma ser quem não é não pode ser um profeta, muito menos um mestre moral. Porque Jesus disse ter vindo do Pai, sendo igual ao Pai em palavras e obras, só nos resta uma opção:

reafirmarmos, de fato, que ele é Deus e cair aos seus pés em vera adoração, como fez o apóstolo Tomé, dizendo: *Senhor meu e Deus meu!* (João 20:28)

Por isso, Jesus voltou-se para seus discípulos e perguntou-lhes: [...] *Mas vós, quem dizeis que eu sou?* (Mateus 16:15). Pedro, sempre falante, sempre proativo, sempre líder, respondeu pelo grupo: [...] *Tu és o Cristo, o Filho do Deus vivo* (Mateus 16:16). Pedro sabia que o carpinteiro de Nazaré, o rabi da Galileia, era mais do que um profeta e mais do que um mestre moral. Ele sabia que Jesus era o Messias prometido, o Cristo de Deus, o Filho do altíssimo. É provável que Pedro esperasse de Jesus um eloquente reconhecimento por definição tão precisa, por profissão de fé tão robusta, por definição doutrinária tão ortodoxa.

Jesus, porém, ao ouvir de Pedro tão precisa declaração, respondeu: [...] *Simão Barjonas, tu és bem-aventurado, pois não foi carne e sangue que te revelaram isso, mas meu Pai, que está no céu* (Mateus 16:17). Jesus diz a Pedro que o seu correto conhecimento e sua precisa confissão não foram frutos de sua descoberta, mas da revelação do Pai. Ninguém conhece Jesus se primeiro o Pai não revelar o seu Filho. O correto entendimento espiritual acerca de Jesus não é resultado da pesquisa humana, mas da revelação divina. É o próprio Pai que nos apresenta o seu Filho.

Depois de ouvir de Pedro sua confissão, Jesus anuncia: *E digo-te ainda que tu és Pedro, e sobre esta pedra edificarei a minha igreja, e as portas do inferno não prevalecerão*

PEDRO, UM HOMEM CONTRADITÓRIO

contra ela (Mateus 16:18). Este, talvez, seja o versículo mais emblemático da Bíblia. De sua interpretação dependem os rumos do cristianismo. A grande questão aqui é: quem é a pedra sobre a qual a igreja está edificada? Alguns defendem que a pedra é Pedro. Outros dizem que é a declaração de Pedro. Defenderei a tese de que a pedra é Cristo. Tratarei deste assunto de forma mais ampla ao final deste livro.

Uma vez que os discípulos estavam cientes de sua verdadeira identidade, Jesus abre um novo capítulo de seu ensino e mostra claramente aos discípulos que era necessário que ele fosse preso, julgado, condenado, morto e sepultado para ressuscitar ao terceiro dia. Jesus deixa claro aos discípulos que sua missão passava pela cruz. Sua morte não deveria ser vista como um acidente nem sua ressurreição como uma surpresa. Mesmo Jesus sofrendo um complô de judeus e gentios para levá-lo à cruz, essa agenda não estava nas mãos dos homens, mas nos eternos decretos de Deus. Jesus veio para morrer, e morrer pelos nossos pecados. Jesus veio para dar sua vida pelo seu povo. Ele veio para morrer pelas suas ovelhas, pela sua igreja.

Diante dessa espantosa declaração de Jesus, o mesmo Pedro que acabara de proferir sua fé ortodoxa na messianidade de Jesus e na sua filiação divina passa a repreender Jesus, dizendo: [...] *Deus tenha compaixão de ti, Senhor! Isso jamais te acontecerá* (Mateus 16:22). Faltou a Pedro o discernimento espiritual. Ele não conseguia ver o futuro com os mesmos olhos de Jesus. Por isso, Jesus se volta para ele e diz de forma contundente: [...] *Para trás de mim, Satanás! Tu és para mim motivo de tropeço, pois não pensas nas coisas de Deus, mas, sim, nas que são dos homens* (Mateus 16:23). Pedro vai de um extremo ao outro. Num instante, recebe revelação de Deus; no outro, é instrumentalizado por Satanás. Num momento, afirma ser Jesus o Cristo e o Filho de Deus; no outro, tenta afastar Jesus da cruz. Pedro é uma gangorra que vai da fé à incredulidade, da afirmação mais fiel à tentação mais vil. Fica evidente que a igreja não poderia ter sido edificada sobre um fundamento tão frágil!

É claro que Jesus não está dizendo que Pedro é Satanás. Também não está afirmando que Pedro está possesso. Nem Jesus manda Pedro arredar. O que Jesus está fazendo aqui é mandando Satanás, que instigou Pedro, arredar. Satanás usou várias estratégias para afastar Jesus da cruz. Aqui, dá mais uma cartada, mas Jesus discerne seu ardil e diz para ele arredar. Satanás sai, e Pedro fica. Pedro é discípulo, e em Pedro Jesus vai continuar investindo.

Capítulo 3

Pedro, um homem desprovido de entendimento

Oito dias depois do episódio narrado no capítulo anterior, Pedro, mesmo recebendo severa advertência de Jesus, comete outro deslize. Jesus sobe o monte da transfiguração com o propósito de orar e leva consigo Pedro, Tiago e João. Jesus ora, mas Pedro e seus condiscípulos são tomados pelo sono. O que empolgava Jesus dava sono em Pedro e nos seus colegas. O que era o deleite de Jesus era um pesadelo para Pedro e seus pares.

No topo daquela montanha, Pedro, Tiago e João viram quatro milagres estupendos. O primeiro milagre foi a transfiguração de Jesus. O Filho de Deus foi transfigurado diante deles. O corpo de Jesus foi vazado por um brilho celestial. Seu corpo brilhava como a luz, e suas roupas resplandeciam de brancura como nenhum lavandeiro da terra poderia fazer. A glória de Deus estava sobre Jesus. Os céus desceram à terra.

O segundo milagre ocorrido foi que Moisés e Elias apareceram em glória conversando com Jesus sobre sua partida para Jerusalém. A palavra "partida", no grego, é *exodus*, de onde vem nossa palavra portuguesa "êxodo". Moisés e Elias falaram com Jesus sobre sua prisão, condenação e morte na cruz. A cruz de Jesus foi o nosso êxodo. Foi através de sua morte na cruz que Jesus abriu as portas do nosso cativeiro e quebrou nossas algemas. Fomos libertos do pecado, do diabo e da morte.

O terceiro milagre é que eles foram envolvidos por uma nuvem luminosa que os envelopou. Aquela não era uma nuvem comum. Era uma manifestação poderosa da própria presença de Deus entre eles. Os céus desceram à terra. Deus veio até eles de forma eloquente e majestosa.

O quarto milagre é que de dentro da nuvem ouviram uma voz divina, dizendo: [...] *Este é o meu Filho, o meu eleito; a ele ouvi* (Lucas 9:35). O próprio Deus Todo-poderoso, presente naquela nuvem luminosa, falou com eles. Ouviram a voz do Onipotente. Essa voz exaltou Jesus e apontou-o não apenas como um grande homem como Moisés e Elias, mas como o único, incomparável e singular. Naquele monte, Pedro e seus companheiros viram coisas espetaculares e pisaram num terreno sagrado. Mesmo diante de milagres tão sublimes, entretanto, estavam desprovidos de entendimento. Faltaram a Pedro quatro percepções vitais:

Primeiro, Pedro não discerniu a centralidade da pessoa de Jesus. Sugeriu que três tendas fossem armadas: uma para Jesus, outra para Moisés e outra para Elias. Pedro não sabia o que estava falando e não sabia porque

PEDRO, UM HOMEM DESPROVIDO DE ENTENDIMENTO

falava uma grande bobagem. Pedro cometeu um grande equívoco. Comparou e equiparou Jesus a Moisés e Elias, os representantes da lei e dos profetas respectivamente. Jesus, porém, não é apenas um grande homem, mas o Filho de Deus. Jesus é único, singular, incomparável. Pedro estava vendo milagres, mas sua mente se achava vazia de entendimento acerca da centralidade da pessoa de Jesus.

Segundo, Pedro não discerniu de igual forma a centralidade da missão de Jesus. A pauta da conversa entre Moisés, Elias e Jesus versava sobre sua morte na cruz. Aquela reunião estava focada na missão central de Jesus: morrer pelos nossos pecados e adquirir para nós eterna redenção. Quando Jesus desceu do monte e curou o menino endemoninhado, as multidões se admiraram do poder de Jesus e ficaram maravilhadas do quanto ele fazia. A atenção da multidão, bem como dos discípulos, voltou-se para o poder de fazer milagres. Era isso que os encantava. Era isso que os atraía. Mais uma vez, Pedro e seus pares acompanharam a multidão, no afã de afastar Jesus da cruz e mantê-lo apenas como um operador de milagres. Jesus, porém, disse aos seus discípulos: *Prestai muita atenção nestas palavras: O Filho do homem está para ser entregue nas mãos dos homens* (Lucas 9:44). Jesus estava dizendo para seus discípulos: Não pensem que eu vou mudar minha agenda. Não pensem que eu vou ser apenas um operador de milagres para atender às suas necessidades imediatas. Eu vim ao mundo com um propósito. Eu vim para dar minha vida em resgate de muitos. Eu vim para morrer pelas minhas ovelhas. A centralidade da minha missão é a cruz. É lá no Calvário que eu vou abrir as portas da prisão. É lá na cruz que as cadeias se romperão e o êxodo de vocês acontecerá. Mas os discípulos não entenderam isso (Lucas 9:45). Pedro e seus companheiros estavam perto de Jesus, estavam vendo milagres, mas estavam desprovidos de entendimento.

Terceiro, Pedro nem sequer discerniu a centralidade de sua própria missão. Ele disse: [...] *Mestre, é bom estarmos aqui. Façamos três tendas, uma será para ti, uma para Moisés e outra para Elias, mas sem saber o que dizia* (Lucas 9:33). Pedro não queria descer mais daquele monte. Ele queria permanecer naquele ambiente de milagres. Lá embaixo, no sopé do monte, havia muita gente aflita, doente, necessitada. A espiritualidade do monte pode ser, e é muitas vezes, a espiritualidade da fuga e do escapismo. O monte é lugar para recarregar as baterias, mas o nosso ministério não é no monte. É no vale que se desenrola o nosso ministério. O vale é onde as pessoas estão aflitas, enfermas, chorando, sangrando, atormentadas pelo diabo. É lá que devemos estar, como agentes do reino, como ministros da reconciliação, como portadores das boas-novas da salvação. Não podemos nos encastelar no templo, dia após dia, sem sairmos às ruas, para socorrer os aflitos. Não podemos apenas ter a espiritualidade do culto público, do retiro espiritual, das conferências teológicas. Precisamos descer aos vales, aos becos, subir os morros, entrar nas favelas, nos condomínios fechados, nos corredores dos hospitais. Precisamos ir lá fora, onde as pessoas estão carentes, aflitas e desesperadas. Não raro, os cristãos saem de casa para o templo e do templo para casa centenas de vezes ao ano, mas não atravessam a rua para falar de Cristo para seu vizinho. Subimos o monte não para armarmos tenda lá em cima; subimos o monte para sermos revestidos de poder, para desempenharmos nosso ministério no vale e libertarmos os cativos.

Quarto, Pedro não conseguiu sequer entender a centralidade da adoração. Quando ele e seus companheiros viram a nuvem luminosa e ouviram, saindo dela, a voz, dizendo: [...] *Este é o meu Filho, o meu eleito; a ele ouvi* (Lucas 9:35), encheram-se de medo (Lucas 9:34), caíram de bruços tomados de grande medo (Mateus 17:6) e ficaram aterrados (Marcos 9:6). Hoje, vemos dois extremos com respeito à adoração. O primeiro deles é a falta de reverência. Muitas pessoas, sem nenhum temor, usam o nome de Deus em vão e falam palavras chulas, blasfemando contra o nome de Deus. O segundo extremo é o medo de Deus. Muitos pais, até com boas intenções, cometem esse erro com seus filhos pequenos. Ao ver os filhos fazendo peraltices, gritam: "Meninos, não façam isso. Deus vai castigar vocês". Aí essas crianças crescem com medo de Deus, pensando que Deus é um guarda cósmico, um xerife celestial, que está com um porrete na mão pronto a dar-lhes uma bordoada a qualquer momento. Aqueles que foram criados ouvindo essas aberrações, ao passarem por alguma crise, ao cometerem algum deslize, fugirão de

Deus, em vez de correrem para os braços do Senhor. Não obstante Deus ser santo, santo, santo, ele é também Pai, e um pai cheio de misericórdia que corre ao encontro de seus filhos para dar-lhes o beijo do perdão e o abraço da reconciliação.

Pedro estava vendo milagres, mas não conseguia discernir a centralidade da pessoa de Jesus, a centralidade da missão de Jesus, a centralidade de sua própria missão, nem mesmo a centralidade do culto.

CAPÍTULO 4

PEDRO, UM HOMEM VULNERÁVEL

A entrada triunfal de Jesus em Jerusalém foi debaixo de muita tensão. A cidade estava alvoroçada. Era a festa da Páscoa. Nesse tempo, a cidade quintuplicava a sua população. A Páscoa era a alegria dos judeus e o terror dos romanos. Havia sempre uma vigilância maior, com medo de algum motim. Nos bastidores, as autoridades judaicas já haviam tramado a morte de Jesus. O rabino da Galileia estava incomodando demais os sacerdotes que governavam o templo. Os fariseus já estavam mancomunados até com os herodianos para matarem Jesus. A ressurreição de Lázaro foi a gota d'água que transbordou, desencadeando essa trama contra Jesus.

Mesmo sabendo da orquestração que se desenhava contra ele, Jesus rumou para Jerusalém com toda a firmeza. Era possível ver isso em seu semblante (Lucas 9:51-53). Quando Jesus entrou na cidade, montado num jumentinho, a multidão de discípulos estendeu pelo caminho roupas e ramos. Todos gritavam: *Hosana! hosana,*

Bendito o que vem em nome do Senhor! (João 12:13). A multidão, jubilosa, tanto a que o precedia como a que o seguia (Mateus 21:9), louvava a Deus em alta voz por todos os milagres que tinham visto, dizendo: [...] *Bendito o Rei que vem em nome do Senhor! Paz no céu e glória nas alturas!* (Lucas 19:38). Jesus desceu o monte das Oliveiras, cruzou o vale do Cedrom e ficou defronte do magnificente templo de Jerusalém, no monte Moriá. Ao ver a cidade, a cidade que matou os profetas e apedrejou os que Deus havia enviado, Jesus chorou (Lucas 19:41).

O choro de Jesus foi convulsivo. Foi o choro doído de alguém que perde um membro da família. Jesus não apenas chorou, mas explicou o motivo de suas lágrimas:

> Ah! Se tu conhecesses, ao menos neste dia, o que te poderia trazer a paz! Mas agora isso está encoberto aos teus olhos. Porque te sobrevirão dias em que os teus inimigos haverão de te cercar de trincheiras, te sitiar e te atacar por todos os lados; e te derrubarão, a ti e aos teus filhos que dentro de ti estiverem. E não deixarão em ti pedra sobre pedra, pois não reconheceste o tempo em que foste visitada (Lucas 19:42-44).

Jesus chora porque a cidade que matou os profetas também o levaria à cruz. A cidade que ouviu a voz de Deus e viu os milagres de Deus fechou seu coração à oferta da graça. Por isso, receberia o chicote do juízo. Jerusalém dentro de alguns anos seria cercada pelos romanos, invadida, passada ao fio da espada, e os judeus seriam dispersos pelo mundo, na maior diáspora de todos os tempos, ou seja, desde o ano 70 d.C. até 14 de maio de 1948, quando Israel voltou à sua terra como uma nação. Oh, quanta dor, quanto sofrimento, quantas tragédias, quantas guerras, quantos massacres, quantos holocaustos pela frente na história do seu povo estavam sendo vistos através das lágrimas do Filho de Deus!

Até o capítulo 12 do evangelho de João, Jesus dirigiu-se ao povo. Ensinou e fez milagres. Mas, diante da rejeição da oferta da graça, o Filho de Deus não se dirige mais ao povo. Ordena a Pedro e João que preparem um lugar para a realização da ceia da Páscoa. Em seguida, Jesus vai com seus discípulos para o cenáculo, uma ampla sala no monte Sião. O clima era tenso. Os discípulos sabiam que nos bastidores a morte de Jesus estava sendo tramada. Dentro do cenáculo, Jesus informa aos discípulos que vai partir para o Pai.

Pedro chama Jesus de Senhor, mas recusa que ele lave seus pés

Era costume dos judeus lavarem os pés e as mãos antes de se assentarem à mesa. Eles tinham vindo de Betânia. Seus pés estavam sujos de poeira. Aquele, porém, era o serviço do escravo mais humilde da casa. Quem tomaria essa iniciativa? Quem se curvaria para lavar os pés dos outros? Nenhum discípulo toma a decisão. Isso era um papel humilhante demais para eles. Longe de se vestirem com o avental da humildade, os discípulos disputavam quem era o maior, o mais importante, o que deveria receber maior prestígio. Enquanto Jesus pensava na cruz, eles queriam a coroa. Enquanto Jesus se concentrava em dar sua vida, eles disputavam prestígio. Enquanto Jesus estava pronto a morrer por eles, eles buscavam glória para si mesmos. Jesus, então, os confronta não com palavras, mas com uma ação, levantando-se da mesa. Apanha uma bacia com água e, cingindo-se com uma toalha, começa a lavar os pés dos discípulos.

Os discípulos estão confusos, perplexos, envergonhados. Não podiam esperar uma atitude dessas daquele a quem chamam o mestre e o Senhor. Pensavam que esse papel não era compatível com sua grandeza. Jesus estava se humilhando demais! Quando Jesus chega diante de Pedro para lhe lavar os pés, este recusa terminantemente, dizendo: [...] *Senhor, tu lavarás os meus pés?* (João 13:6). É como se Pedro estivesse dizendo que, mesmo tendo conversado com seus pares acerca de grandeza, jamais poderia aceitar que Jesus assumisse o papel de escravo para servi-lo. Jesus, então, lhe diz: [...] *Agora não compreendes o que eu faço, mas depois entenderás* (João 13:7). Pedro mais uma vez interfere, dizendo: [...] *Nunca lavarás meus pés*[...] (João 13:8). Jesus, porém, lhe disse: [...] *Se eu não te lavar, não terás parte comigo* (João 13:8). Pedro lhe pediu: [...] *Senhor, não laves somente os pés, mas também as mãos e a cabeça* (João 13:9). Declarou-lhe Jesus: *Quem já se banhou precisa lavar apenas os pés, pois no mais está todo limpo. Vós estais limpos, mas nem todos* (João 13:10). Pedro sempre foi um homem intenso. Com ele era oito ou oitenta. Como uma gangorra, oscilava de um extremo ao outro.

Depois de lavar os pés dos discípulos, Jesus voltou para a mesa e disse-lhes: *Vós me chamais o Mestre e Senhor; e fazeis bem; pois eu o sou. Se eu, Senhor e Mestre, lavei os vossos pés, também deveis lavar os pés uns dos outros* (João 13:13,14). A humildade não desfaz a grandeza; ressalta-a. O serviço não ofende aquele que é grande; promove-o. No reino de Deus, a pirâmide está invertida. Ser grande é ser pequeno; ser o maior é ser o servo de todos. Com isso, Jesus estava reprovando o orgulho dos discípulos, pois, no mesmo momento em que Jesus estava caminhando para a cruz, os discípulos estavam disputando a coroa. Na mesma proporção em que Jesus estava oferecendo sua vida, os discípulos estavam disputando primazia. Na mesma medida que Jesus estava abrindo mão de sua glória para morrer em lugar dos pecadores, os discípulos estavam buscando glória para si mesmos. Pedro era a síntese desse orgulho e dessa contradição. Pedro, porém, não é uma personagem isolada da História. Ele está presente em nós. Seu coração bate em nosso peito, e seu sangue corre em nossas veias. Temos o seu DNA. Nós somos Pedro!

Vamos nos deter um pouco mais nessa passagem de João 13. Aqui há algumas verdades que precisam ser realçadas.

Jesus nos ensina nesse episódio que privilégios não implicam orgulho, mas humildade. Jesus sabia quem era.

Sabia de onde tinha vindo e para onde estava indo. Sabia sua origem e seu destino. Sabia que era o rei dos reis, o Filho do Deus altíssimo. Sabia que o Pai tudo confiara em suas mãos e que era o soberano do universo. Mas sua majestade não o levou à autoexaltação, mas à humilhação mais profunda. O que ele sabia determinou o que ele fez. Sua humildade não procedeu da sua pobreza, mas da sua riqueza. Sendo rico, ele se fez pobre. Sendo rei, ele se fez servo. Sendo Deus, ele se fez homem. Sendo o soberano do universo, ele se cingiu com uma toalha e lavou os pés dos seus discípulos.

Ah, como precisamos dessa lição de Jesus hoje! Temos hoje muitas pessoas grandes na igreja, mas poucos servos. Muita gente no pedestal, e poucas inclinadas com a bacia e a toalha na mão. Muita gente querendo ser servida, e poucas prontas a servir. A humildade de Jesus repreende o nosso orgulho. O mundo está cheio de gente que está de pé sobre sua dignidade quando deveria estar ajoelhada aos pés de seus irmãos.

Três pontos merecem destaque nesse episódio:

A perplexidade de Pedro (João 13:6). O Senhor está ajoelhado diante dos seus discípulos, lavando os seus pés empoeirados. Eles até que poderiam lavar os pés de Jesus, como Maria, em Betânia, o fizera com o caro perfume, mas Jesus lavando seus pés? Pedro fica completamente tomado de perplexidade e pergunta a Jesus: [...] *Senhor, tu lavarás os meus pés?* Pedro revela neste texto mais uma vez o seu temperamento ambíguo e contraditório.

Num momento, ele proíbe Jesus de lhe lavar os pés; noutro momento, quer ser banhado dos pés à cabeça. Pedro não entende o que Jesus está fazendo. Ele vê, mas não compreende. Seu coração estava certo, mas sua cabeça estava completamente errada. Pedro tem mais amor do que conhecimento, mais sentimento do que discernimento espiritual. Ao mesmo tempo que chama Jesus de Senhor, diz-lhe: [...] Nunca *lavarás meus pés*[...]. Pedro errou quanto ao estado de humilhação de Cristo e errou também quanto ao significado do ato realizado por Jesus. Ele pensou num ato literal enquanto Jesus estava falando de uma purificação espiritual. A linguagem de Jesus aqui é a mesma do capítulo 3, quando ele fala para Nicodemos sobre o nascimento espiritual, do capítulo 4, quando ele fala para a mulher samaritana sobre a água espiritual, e do capítulo 6, quando ele fala sobre o pão espiritual. Agora Jesus trata da limpeza espiritual.

A incompreensão de Pedro (João 13:7,8). Jesus responde a Pedro que sua ação só seria compreendida por ele mais tarde. Pedro não estava, nesse momento, alcançando o significado espiritual do gesto de Jesus. Via apenas um ato físico, um serviço incompatível com a grandeza de seu mestre. Pedro precisava entender o que era ser lavado por Cristo. Jesus não estava falando de uma lavagem física, mas espiritual. Quem não for lavado, purificado, justificado e santificado por Cristo não tem parte com ele (1Coríntios 6:11). Cristo precisa lavar-nos, se queremos reinar com ele em sua glória. O significado dessa passagem é simples, porém muito profundo: "Pedro, a menos que, por meio de minha obra completa de humilhação — da qual essa lavagem de pés é apenas parte — eu o limpar de seus pecados, você não participará comigo dos frutos de meu mérito redentor". Os dois eventos — o lava-pés e a crucificação — são, na verdade, da mesma qualidade. O reverenciado e exaltado Messias assume a função de servo desprezado para o bem de outros. Judas não estava limpo, ou seja, ele não tinha sido transformado, convertido.

A súplica de Pedro (João 13:9-11). Pedro pula de um extremo para o outro. Essa era uma característica de sua personalidade. Como uma gangorra, oscilava de um lado para o outro (Mateus 14:28,30; 16:16,22; João 13:37; 18:17,25). Pedro não quer apenas que seus pés sejam lavados, mas quer um banho completo. Jesus responde a ele que isso não era necessário. O banho (símbolo da salvação) já havia acontecido. Ele precisava agora de purificação (símbolo da santificação). Pedro precisava entender que a salvação não precisa de retificação. A salvação não é uma dádiva que se recebe hoje e se perde amanhã. A salvação é eterna! Quem já se banhou não precisa lavar senão os pés. A salvação é uma dádiva eterna. A palavra grega para "lavar" nos versículos 5, 6, 8, 12 e 14 é *nipto* e significa "lavar uma parte do corpo". Mas a palavra grega para "lavar" no versículo 10 é *louo* e significa "lavar o corpo completamente". A distinção é importante, porque Jesus estava ensinando a seus discípulos a importância de uma caminhada santa. Quando um pecador confia em Jesus, é banhado completamente, e seus pecados são perdoados (1Coríntios 6:9-11; Tito 3:3-7; Apocalipse 1:5). E Deus nunca mais se lembra desses pecados (Hebreus 10:17). Contudo, como os crentes andam neste mundo, eles são contaminados, e precisam ser purificados. Não precisam ser justificados de novo, mas de constante purificação. Diz a Escritura: *Se confessarmos os nossos pecados, ele é fiel e justo para nos perdoar os pecados e nos purificar de toda injustiça* (1João 1:9). Quando andamos na luz, temos comunhão com Cristo. Quando somos purificados, andamos em intimidade com Cristo. O banho é uma referência ao cancelamento inicial do pecado e purificação da culpa, que é recebida na regeneração, enquanto a repetida lavagem dos pés corresponde à remoção regular da impureza incidental da consciência pela confissão dos pecados a Deus e por uma vida de acordo com a sua Palavra.

Pedro precisava entender que os salvos precisam de contínua purificação. Precisamos ser lavados continuamente e purificados das nossas impurezas. O mesmo sangue que nos lavou em nossa conversão purifica-nos, agora, diariamente em nossa santificação. Essa verdade pode ser ilustrada pelo sacerdócio do Antigo Testamento. Em sua consagração, o sacerdote era banhado por inteiro (Êxodo 29:4), um ritual realizado uma só vez. No entanto, era normal ele se contaminar enquanto exercia seu ministério diário, de modo que precisava lavar as mãos e os pés na bacia de bronze que ficava no átrio (Êxodo 30:18-21). Só então poderia entrar no santuário para cuidar das lâmpadas, comer o pão da proposição e queimar o incenso.

A chave dessa passagem é João 13:17: *Ora, se sabeis estas coisas, bem-aventurados sois se as praticardes.* A sequência é importante: humildade, santidade e felicidade. A felicidade é resultado de uma vida conduzida dentro da vontade de Deus. Jesus já havia ensinado seus discípulos acerca da humildade e do serviço, mas agora lhes dá uma lição prática. Vamos destacar aqui três pontos:

A lição sublime (João 13:12-14). Ao terminar de lavar os pés dos discípulos, Jesus retorna à mesa e pergunta se os discípulos tinham entendido a lição. E afirma: *Vós me chamais Mestre e Senhor; e fazeis bem, pois eu o sou. Se eu, Senhor e Mestre, lavei os vossos pés, também deveis lavar os pés uns dos outros* (João 13:13,14). Os discípulos tinham uma clara compreensão de quem era Jesus. Chamavam--no de mestre e Senhor. A teologia deles estava certa. Tinham-no na mais alta conta. Sabiam que ele era o próprio Filho de Deus, o Messias, o Salvador do mundo. Mas, sem deixar de ser o mestre e o Senhor, Jesus lavou seus pés. Se ele, sendo o maior, fez o serviço do menor, eles deveriam servir uns aos outros em vez de disputar quem era o maior entre eles. Jesus nocauteia aqui a disputa por prestígio e desfaz as barracas da feira de vaidades. Em vez de buscarmos glória para nós mesmos, devemos nos munir da bacia e da toalha para servirmos uns aos outros.

PEDRO, UM HOMEM VULNERÁVEL 41

O exemplo supremo (João 13:15,16). Jesus não foi um alfaiate do efêmero, mas o escultor do eterno. Ele não ensinou apenas com palavras, mas, sobretudo, com exemplo. O exemplo não é apenas uma forma de ensinar, mas a única forma eficaz de fazê-lo. Se o servo não é maior do que o seu senhor e se o Senhor serve, então os servos não têm desculpas para não servirem uns aos outros. O servo não é maior do que seu Senhor; assim, se o Senhor se torna um servo, o que é feito dos servos? Ficam no mesmo nível que o Senhor! Ao se tornar um servo, Jesus não nos empurrou para baixo; ele nos elevou! Dignificou o sacrifício e o serviço.

O resultado extraordinário (13:17). A vida cristã não se limita ao conhecimento da verdade. O conhecimento precisa desembocar em obediência. A felicidade não está apenas no saber, mas, sobretudo, no praticar o que se sabe, pois o homem não é aquilo que ele sabe nem o que ele sente, mas o que ele faz.

FAZENDO PROMESSAS QUE NÃO PODE CUMPRIR

Apesar de todas as fraquezas e contradições de Pedro, ele era um líder e, por isso, mais do que os outros, estava sob a mira de Satanás. Jesus informa a ele: *Simão, Simão, Satanás vos pediu para peneirá-los como trigo; mas eu roguei por ti, para que a tua fé não esmoreça; e, quando te converteres, fortalece teus irmãos* (Lucas 22:31,32). Pedro não tinha forças pessoais para enfrentar esse ataque espiritual. Sem a intercessão de Cristo, sua derrota seria inevitável. É a intercessão de Cristo por nós que nos fortalece nessa luta.

A caminho do Getsêmani, Jesus dirige sua palavra não apenas a Pedro, mas aos demais discípulos: *Esta noite todos vós desertareis; pois está escrito: Ferirei o pastor, e as ovelhas do rebanho se dispersarão. Todavia, depois da minha ressurreição, irei adiante de vós para a Galileia* (Mateus 26:31,32). A alegada fidelidade dos discípulos se desfaria como névoa. Sob o fogo da prova, eles se dispersariam. No momento mais crucial da história, debandariam covardemente.

Diante do silêncio sepulcral do grupo, Pedro, com uma autoconfiança arrogante, disse-lhe: [...] *Ainda que seja necessário morrer contigo, de modo nenhum te negarei* [...] (Mateus 26:35). Marcos registra: *Mas ele repetia com veemência: Ainda que seja necessário morrer contigo, de modo nenhum te negarei* [...] (Marcos 14:31). Lucas dá a mesma ênfase: [...] *Senhor, estou pronto para ir contigo tanto para a prisão como para a morte* (Lucas 22:33).

Pedro se achava forte. Ele achava que era uma rocha, mas era pó. Ele negou seu nome, seu apostolado, suas convicções, porque confiou exageradamente em si mesmo. Em vez de ser humilde, Pedro aqui insinua ser mais fiel que seus pares. Projeta-se acima de seus condiscípulos. Afirma ser mais leal do que os demais. A raiz dessa afirmação tão confiante é a soberba espiritual. É como se Pedro estivesse dizendo: "Senhor, eu não acredito que os

PEDRO, UM HOMEM VULNERÁVEL

seus outros discípulos sejam fortes o suficiente para enfrentarem essa situação. Mas comigo o Senhor pode contar. Eu não vou fracassar. Nada vai me abalar. Eu não me intimido com qualquer ameaça. Se houver uma debandada geral, eu não fugirei. Se houver uma deserção total, eu não retrocederei. Eu sou um homem forte e corajoso, e a corda não vai roer do meu lado". Pedro considerou-se melhor do que os outros. O evangelista Marcos escreve: *Ao que Pedro lhe disse: Ainda que todos desertem, eu nunca desertarei* (Marcos 14:29). Mateus corrobora: [...] A*inda que todos desertem, eu nunca desertarei* (Mateus 26:33).

A soberba, porém, é a sala de espera do fracasso. O orgulho é o primeiro passo em falso para uma queda vertiginosa. Confiar em si mesmo e julgar-se melhor do que os outros é consumada insensatez. Julgar-se invulnerável e colocar-se num pedestal acima dos demais é a mais flagrante tolice.

Longe de confiar nas palavras de Pedro, Jesus replica-lhe: [...] *Em verdade te digo que esta noite, antes que o galo cante, três vezes me negarás* (Mateus 26:34). Jesus está reafirmando o princípio de que a soberba precede a ruína. Nunca somos tão fracos como quando nos julgamos mais fortes do que os outros. Nunca somos tão vulneráveis como quando nos sentimos blindados de quaisquer perigos. A força do homem é nula. A coragem do homem é fraca. A autoconfiança arrogante é terreno escorregadio. Pedro não só negou Jesus, mas o negou na mesma noite em que professou a maior lealdade. Pedro não só negou

Jesus, mas o negou três vezes. Pedro não só negou Jesus, mas o negou com juramento e blasfêmia. Pedro não só negou Jesus, mas o negou diante daqueles que escarneciam dele. A exaltação de Pedro tornou-se terra movediça debaixo de seus pés. Sua coragem esfarelou-se como pó. Sua promessa granítica tornou-se água.

Longe de Pedro cair em si e clamar pela misericórdia de Deus, deu mais um passo rumo ao fracasso, quando realçar ainda mais sua petulância e altivez. Pedro disse a Jesus: [...] *Ainda que seja necessário morrer contigo, de nenhum modo te negarei. E todos os discípulos disseram o mesmo* (Mateus 26:35). Pedro promete estar pronto não só a ficar do lado de Jesus diante das pressões, mas a morrer por ele. Diz com todas as letras que prefere morrer a negar Jesus. Deixa claro que o martírio é melhor do que a apostasia. Seus pares, encorajados por essa promessa audaciosa, afirmam a mesma coisa. Pedro liderava seus amigos mesmo quando era um fanfarrão ensimesmado. Seus pares seguiam seus passos mesmo quando ele não sabia o que dizia.

DORMINDO NO FRAGOR DA BATALHA

Jesus não dá prosseguimento à conversa com Pedro. Já havia descido o monte Sião e passado pelo vale do Cedrom. Agora, mergulha no sopé do monte das Oliveiras e penetra no jardim de Getsêmani, no meio dos olivais. A noite estava escura. Lá fora do jardim, ouvia-se o tropel da multidão que inundava as ruas de Jerusalém. Ao entrar no jardim, Jesus disse a seus discípulos: ... *Sentai-vos aqui, enquanto vou ali orar* (Mateus 26:36). A batalha mais renhida da humanidade seria travada naquela noite. Mesmo sendo o Filho de Deus, Jesus não enfrentou aquela grande guerra sem oração. A oração é arma de guerra. Quando oramos, Deus batalha por nós. Quando oramos, somos revestidos com o poder do alto. Quando oramos, somos capacitados com poder para enfrentar os grandes embates da vida.

Jesus levou com ele Pedro e dois filhos de Zebedeu, Tiago e João. Nesse momento, ele começou a *entristecer-se e a angustiar-se* (Mateus 26:37). O inferno inteiro lançava sobre Jesus uma baforada com cheiro de enxofre. Satanás, com toda a sua fúria, tentava impedir Jesus de fazer a vontade do Pai. Uma angústia indescritível tomou conta de Jesus. Ele admitiu essa angústia para si mesmo (Mateus 26:37), para os seus discípulos (Mateus 26:38) e diante do Pai (Mateus 26:39). Não era uma angústia qualquer; era uma *tristeza até a morte* (Mateus 26:38). Jesus chega a ponto de pedir a presença de Pedro, Tiago e João e também a vigilância deles. Jesus quer solidariedade!

O Getsêmani foi o campo onde Jesus travou uma encardida batalha espiritual. Sete fatos devem ser aqui destacados:

Primeiro, o Getsêmani foi o território da mais profunda tristeza de Jesus. É o único lugar na Escritura em que Jesus admite para si, para os outros e para o Pai que está tomado por uma tristeza profunda, por uma angústia de morte. Essa angústia não era por desconhecer o futuro nem por ser surpreendido pela dor atroz, mas por saber que sua alma imaculada seria derramada na morte, e ele carregaria no seu corpo, sobre o madeiro, os nossos pecados.

Segundo, o Getsêmani foi o campo da mais fervorosa oração. Enquanto os discípulos dormem, Jesus trava a mais renhida batalha. Ele enfrenta essa refrega de joelhos dobrados, com o rosto em terra, clamando ao Pai. Sua oração foi perseverante, intensa e submissa. Ele orou três vezes, sempre se colocando nas mãos do Pai, para fazer sua vontade.

Terceiro, o Getsêmani foi o palco das lágrimas mais copiosas do Filho de Deus. Jesus chorou três vezes em seu ministério. As três vezes aconteceram no final de seu ministério, em sua última viagem para Jerusalém. Chorou no túmulo de Lázaro (João 11:35), chorou ao entrar em Jerusalém (Lucas 19:41) e chorou no Getsêmani (Hebreus 5:7). Suas lágrimas foram copiosas. Chorou não por medo da dor física, mas porque, ao tomar o nosso lugar, ao se fazer pecado por nós, foi privado da intimidade com o Pai e desamparado por ele.

Quarto, o Getsêmani transformou o jardim num deserto de solidão. Jesus disse muitas coisas às multidões. Quando partiu o pão, fez isso apenas na presença dos discípulos. Quando começou a entristecer-se, estava apenas com seus três discípulos mais achegados. Mas, quando suou sangue, prostrado sobre os joelhos, oferecendo ao

Pai suas súplicas com forte clamor e lágrimas, estava absolutamente só.

Quinto, o Getsêmani transformou-se no campo da mais profunda submissão. Jesus rogou ao Pai, três vezes, para afastar dele o cálice. Mas que cálice era esse? Por que Jesus rogou ao Pai para não beber esse cálice? Será que esse cálice era a sua prisão humilhante no jardim de Getsêmani? Será que esse cálice eram as cusparadas e as bofetadas sofridas no Sinédrio? Será que esse cálice eram os açoites sofridos no pretório romano? Será que esse cálice era a ignominiosa coroa de espinhos a ferir sua fronte? Será que esse cálice era caminhar pelas ruas de Jerusalém debaixo de apupos e vaias de uma multidão ensandecida e sedenta de sangue? Será que esse cálice era o sofrimento atroz da cruz? Mil vezes não! Esse cálice era a ira de Deus, que deveria cair sobre a nossa cabeça, por causa dos nossos pecados. Jesus sorveu cada gota desse cálice amargo. Ele levou sobre si os nossos pecados. Ele foi golpeado pela lei em nosso lugar. Ele foi ferido e traspassado pelas nossas iniquidades. Agradou ao Pai moê-lo. Ele morreu a nossa morte. Por três vezes, Jesus orou e nas três vezes colocou-se de forma submissa nas mãos do Pai para realizar sua eterna e santa vontade.

Sexto, o Getsêmani foi o lugar da mais bendita consolação. O anjo de Deus vem do céu, na hora da mais profunda angústia, quando Jesus molhava o chão com suas lágrimas e regava a terra com seu sangue para consolá-lo. O Getsêmani é lugar não apenas de choro, mas também de consolo. Sempre haverá consolo de Deus para aqueles que se submetem à vontade de Deus.

Sétimo, o Getsêmani é o campo da mais esplêndida vitória. Jesus ergueu-se de seus joelhos não como um homem vencido pelo desânimo. Mas ergueu-se firme, resoluto, determinado a caminhar para a cruz como um rei caminha para sua coroação. Ele não foi preso; ele se entregou. Ele não foi apanhado pelos seus algozes; ele se apresentou. Jesus não foi para a cruz porque Judas o traiu por ganância. Ele não foi para a cruz porque os sacerdotes o prenderam por inveja. Ele não foi para a cruz porque Pilatos o sentenciou por covardia. Ele foi para a cruz porque se entregou por amor.

Mas como estava Pedro nesse cenário? Que atitudes Pedro demonstrou logo após afirmar a Jesus que jamais o abandonaria e que estava pronto para ir com ele para a própria morte? Ao entrar no Getsêmani, Jesus chamou Pedro, Tiago e João para acompanharem-no alguns passos à frente. Então, abriu o coração para eles, dizendo que estava muito triste. Pediu-lhes que ficassem com ele. Avançou um pouco mais e começou a travar aquela titânica batalha de oração. Pedro e seus amigos, porém, foram tomados de sono e não conseguiram se manter acordados. Na hora mais decisiva da vida de Jesus, Pedro esquece-se de suas promessas. Pedro capitula ao sono. Mateus registra: *Voltando para os discípulos, achou-os dormindo; e disse a Pedro: Vós não pudestes vigiar comigo nem uma hora? Vigiai e orai, para que não entreis em tentação; o espírito está pronto,* mas a carne é fraca (Mateus 26:40,41). Pedro abandona seu mestre. Pedro dorme o sono da fuga. Enquanto Jesus chora e ora, Pedro dorme. Enquanto Jesus luta para fazer a vontade do Pai, Pedro se entrega aos ditames da carne e não vigia com seu espírito. Pedro fala, mas não faz. Promete, mas não cumpre. Arrota coragem, mas, na prática, revela covardia.

Por três vezes, Jesus vai acordar Pedro, e ele se agarra ao sono novamente. Enquanto Jesus está determinado a fazer a vontade do Pai, Pedro está determinadamente esquecido de seu compromisso, rendido ao sono covarde. Pedro fracassa mais uma vez. Suas atitudes não foram um avalista de suas palavras.

Demonstrando uma valentia carnal

Quando a turba, capitaneada por Judas Iscariotes, entrava no jardim de Getsêmani, armada até os dentes, com o propósito de prender Jesus, Pedro foi despertado do sono por Jesus. Atordoado com a situação, levantou-se atabalhoadamente para enfrentar aquele conflito. O evangelista João registra: *Então, Simão Pedro desembainhou uma espada que trazia e feriu o servo do sumo sacerdote, cortando-lhe a orelha direita. O nome do servo era Malco* (João 18:10).

Porque Pedro não orou, estava despreparado para enfrentar aquela luta. Pensou que se tratava de um conflito armado, no qual deveriam medir forças com as hostes inimigas. Por isso, sacou sua espada e decepou a orelha de Malco, servo do sumo sacerdote. Sua valentia carnal era uma evidência insofismável de sua fraqueza espiritual. Pedro estava entrando na batalha errada, contra as pessoas erradas, com as armas erradas e com a motivação errada. Pedro perdeu o controle emocional, o equilíbrio e não discerniu a natureza da batalha que estava travando. Não teve domínio próprio. Jesus mostra a Pedro que seu caminho era a cruz (João 18:11). A ordem de Jesus é expressa: *Põe a tua espada na bainha. Por acaso não beberei do cálice que o Pai me deu?* (João 18:11). E acrescentou: [...] *porque todos os que lançarem mão da espada, à espada morrerão* (Mateus 26:52).

Sem oração, não há discernimento. Sem oração, não há poder. Sem oração, não há vitória. [...] *Pois não é contra pessoas de carne e sangue que temos de luta, mas sim contra principados e poderios, contra os príncipes deste mundo de trevas, contra os exércitos espirituais da maldade nas regiões celestiais* (Efésios 6:12). Esses inimigos, embora invisíveis, são reais. Embora inatingíveis por armas convencionais, são assaz perigosos. Não lutamos contra pessoas. Não vencemos essa peleja ferindo com a espada aqueles que conspiram contra nós. Por trás dessas pessoas, há agentes malignos que as manipulam. Quando não discernimos a natureza dessa guerra espiritual, corremos o risco de fazer do inimigo, aliado, e do aliado, inimigo.

O Pedro que não ouvira a ordem de Jesus de vigiar e orar é agora repreendido por ele. Pedro deve guardar sua espada, porque era a arma errada nessa arena. Não se

PEDRO, UM HOMEM VULNERÁVEL

51

tratava de um embate corporal. Ali não se estava medindo forças. Aquela hora já estava agendada. Não havia saído do plano. Jesus já havia dito para os discípulos que ele seria entregue nas mãos dos pecadores (Mateus 16:21). Essa hora havia chegado (João 17:1). Jesus não foi preso; ele se entregou, e o fez voluntariamente. Sua prisão não aconteceu porque os inimigos prevaleceram. Jesus não foi preso porque tornou-se impotente e incapaz de se defender. Jesus não foi atado e levado à casa do sumo sacerdote porque foi uma vítima do sistema religioso corrupto mancomunado com um governo tirano. A prisão de Jesus estava na agenda do Pai, traçada desde a eternidade. Aquela hora já estava marcada. Os algozes não agiram à revelia do plano divino. A prisão de Jesus não aconteceu ao arrepio do decreto eterno. Embora os pecadores tenham sido plenamente responsáveis por seus atos malignos, não frustraram o plano divino (Atos 2:23). Tudo estava determinado desde os tempos eternos. Porque Pedro não orou, não discerniu a natureza da luta que estava sendo travada. Porque Pedro não orou, quis mudar a realidade de um plano que estava traçado desde a eternidade. Porque Pedro não orou, tentou frustrar mais uma vez a disposição de Jesus de ir para a cruz.

Jesus foi enfático com Pedro, dizendo-lhe que, se precisasse desse tipo de intervenção militar, teria rogado ao Pai para lhe enviar mais de doze legiões de anjos, ou seja, mais de 72 mil anjos, para acabar com toda a ação dos seus inimigos (Mateus 26:53). E por que não fez esse pedido? Porque sua prisão não foi um acidente, mas uma agenda. Sua prisão não foi uma surpresa, nem sua morte, um acidente. Tudo estava profetizado, e nem uma vírgula desse plano poderia ser alterada.

Jesus curou Malco, colocando sua orelha decepada no lugar (Lucas 22:51). Não fora essa intervenção do mestre, possivelmente teria havido quatro cruzes no Calvário, e não três. Com isso, Jesus poupa Pedro e demonstra sua misericórdia ao soldado destinado a prendê-lo. A misericórdia de Cristo é tal que ele a demonstra até mesmo àqueles que querem feri-lo. Ele ama até os seus inimigos e se compadece deles. Enquanto Pedro estava pronto a matar Malco, Jesus estava disposto a curar Malco. Enquanto Pedro queria sangue, Jesus trabalha pela cura. Enquanto o coração de Pedro era um poço de ódio, o coração de Jesus era uma fonte de amor e perdão.

Seguindo Jesus de longe

Naquela fatídica noite em que Jesus foi traído, ele orou com lágrimas e tingiu a terra com o seu sangue. Naquela mesma noite em que Jesus foi preso e levado aos empurrões para a casa do sumo sacerdote, onde estava reunido o Sinédrio para condená-lo à morte, todos os discípulos de Jesus fugiram covardemente. A profecia se cumpriu. O pastor foi ferido, e as ovelhas se dispersaram (Marcos 14:50).

PEDRO, UM HOMEM VULNERÁVEL

Pedro não tem coragem de cumprir suas promessas. Suas palavras não têm o peso da lealdade. Prometeu a Jesus ir com ele para a prisão e até para a morte, mas, agora, esgueira-se nas sombras da noite, escondendo-se por trás das oliveiras do jardim, seguindo Jesus de longe. Mateus registra: *E Pedro o seguiu, de longe* [...] (Mateus 26:58). Pedro segue de longe porque não tem coragem de se comprometer. Segue de longe porque se acovarda na hora do perigo. Segue de longe porque, conquanto deseje ver o desfecho da situação, não quer mais envolvimento com Jesus. Para poupar a si mesmo, não se aproxima. Para evitar envolvimento, esgueira-se. Para safar-se de uma prisão imediata e de uma condenação certa, prefere tornar-se um seguidor anônimo.

Pedro não quer perder Jesus de vista. Não tem disposição para abandoná-lo de vez, mas também não tem disposição para segui-lo de perto. Prefere o terreno neutro. Prefere poupar a sua vida. Nada de complicações. Nada de aventuras! Nada de riscos! Sua covardia sobrepujou a sua lealdade. Suas robustas palavras de fidelidade incondicional tornaram-se consumada covardia. Suas promessas seguras se desfizeram como a névoa. Pedro não é um gigante, mas um nanico espiritual. Julgava-se melhor dos que outros e agora nem sequer tem peito para assumir seu relacionamento com o carpinteiro de Nazaré. Suas atitudes pusilânimes apagaram a eloquência de suas palavras audaciosas. Sua estrutura granítica torna-se pó. Pedro não é um herói, mas um fraco. Pedro não é um mártir, mas um trânsfuga!

ASSENTANDO-SE NA RODA DOS ESCARNECEDORES

Por influência de João, aparentado do sumo sacerdote, Pedro consegue entrar no pátio da casa do sumo sacerdote. Ali estavam presentes os guardas, as criadas, o povaréu que servia aos chefes da religião judaica e atendia aos interesses do Sinédrio, suprema corte dos judeus, reunido, naquela noite, para julgar e condenar Jesus.

Pedro distancia-se de Jesus e aproxima-se de seus inimigos. Pedro segue Jesus de longe, mas busca um lugar entre seus acusadores. Ele põe os pés no terreno escorregadio do envolvimento com perigosas companhias. Busca abrigo no lugar errado, na hora errada, com as companhias erradas. Lucas registra: *Então, prendendo-o, levaram-no para a casa do sumo sacerdote; e Pedro os seguia de longe. E acenderam uma fogueira no meio do pátio e sentaram-se juntos. Pedro, chegando, sentou-se entre eles* (Lucas 22:54,55). Pedro assentou-se na roda dos escarnecedores (Salmos 1:1). E desceu mais um degrau em sua queda!

No pátio daquela casa, quartel-general da oposição mais hostil ao Filho de Deus, Pedro busca um espaço junto ao braseiro para se aquecer. Junta-se às pessoas que haviam manietado Jesus. Disputa uma vaga para auferir as benesses do calor daquela fogueira. Pedro caminha com os próprios pés em direção a uma arena perigosa para sua alma. Ao assentar-se na roda dos escarnecedores, desceu

PEDRO, UM HOMEM VULNERÁVEL

mais um degrau, tombou em mais uma luta, fracassou em mais um teste e rumou célere para a derrota mais estrondosa.

Pedro estava fraco espiritualmente. Não tinha envergadura moral para enfrentar corajosamente aquela turba. Na mesma medida em que buscou aquecer o seu corpo naquela gélida noite, esfriou seu coração. Na mesma proporção em que se aproximou dos escarnecedores de Jesus, afastou-se de Deus. Há lugares e pessoas que precisam ser evitados. Há ambientes que são um terreno escorregadio para os pés. A presença de Pedro na casa do sumo sacerdote já era um sinal eloquente de sua queda espiritual. Há portas que nos levam não para os campos abertos da liberdade, mas para os corredores escuros da prisão. Aqueles que entram pela porta larga do pecado, ficam presos e não conseguem sair. Tornam-se prisioneiros. Só Jesus é a porta por onde as pessoas entram e saem e encontram pastagens (João 10:9).

Há um ditado popular que diz: "Dize-me com quem andas e dir-te-ei quem és". O mesmo Pedro que seguiu Jesus de longe, aproximou-se de seus escarnecedores. O livro de Salmos é aberto com a seguinte declaração: *Bem-aventurado aquele que não anda no conselho dos ímpios, não se detém no caminho dos pecadores, nem se assenta na roda dos zombadores* (Salmos 1:1). Pedro caiu porque estava no lugar errado, na companhia de pessoas erradas, dando respostas erradas. Muitas pessoas, à semelhança de Pedro, tropeçam e caem porque se associam com aqueles de

Negando Jesus abertamente

Pedro dá mais um passo rumo ao desastre, quando nega Jesus diante de seus inimigos. A negação de Pedro foi tríplice. Ele negou, jurou e falou impropérios, afirmando categoricamente que não conhecia Jesus. O evangelista Mateus descreve essa cena com cores vivas.

A primeira negação aconteceu quando Pedro estava no pátio da casa do sumo sacerdote, assentado entre os serventuários (Mateus 26:58), aquentando-se à beira da fogueira (Marcos 14:53,54). Assim registra Mateus: *Pedro estava sentado do lado de fora, no pátio; uma criada aproximou-se dele e disse: Tu também estavas com Jesus, o galileu. Mas ele negou diante de todos, dizendo: Não sei o que estás falando* (Mateus 26:69,70). Uma criada viu-o e o denunciou, afirmando ser Pedro um dos seguidores de Jesus. Ele negou peremptoriamente, diante de todos, dizendo que não sabia do que a mulher estava falando. Sua covardia foi maior do que sua promessa de fidelidade. A pressão do meio, o temor das consequências e a fraqueza de seu amor levaram-no ao naufrágio da fidelidade. Pedro nega o seu Senhor, nega a sua fé, nega o seu apostolado, nega o seu nome. Pedro se acovarda na hora mais decisiva da vida de Jesus.

Nessa mesma noite, nesse mesmo lugar, os principais sacerdotes e todo o Sinédrio estavam reunidos de

PEDRO, UM HOMEM VULNERÁVEL

forma ilegal para condenar Jesus à morte. Aquela reunião do Sinédrio, a suprema corte judaica, era ilegal por várias razões. Primeiro, o Sinédrio não podia prender nem condenar ninguém durante a festa da Páscoa. Segundo, o Sinédrio não podia reunir-se à noite para julgar e condenar nenhum prisioneiro. Terceiro, o Sinédrio não podia condenar ninguém sem antes dar-lhe ampla oportunidade de defesa. O Sinédrio, além de contratar testemunhas falsas contra Jesus, não ouviu nenhuma testemunha a seu favor. Aquele tribunal era um simulacro de julgamento. Ali a justiça foi amordaçada, e dali o inocente saiu sentenciado à morte.

A segunda negação de Pedro aconteceu no alpendre da casa do sumo sacerdote diante de outra criada. Mateus registra a cena com as seguintes palavras: *E dirigindo-se ele para a entrada, outra criada o viu e disse aos que ali estavam: Este também estava com Jesus, o nazareno. E, jurando, ele negou outra vez: Não conheço esse homem* (Mateus 26:71,72). Ambas as criadas se referiram a Jesus como galileu e nazareno respectivamente. Essas referências não têm apenas o propósito de identificar a procedência geográfica de Jesus, mas, sobretudo, lançar sobre ele uma pecha negativa, com fortes laivos de preconceito. Os galileus eram vistos em Jerusalém como gente de segunda classe, um povo atrasado, pobre, doente e possesso. "Nazareno" era, na boca dessa criada, uma palavra assaz pejorativa, pois o entendimento da época é que nada de bom poderia ter saído de Nazaré.

A criada nem mesmo conversa com Pedro. Ela fala aos que estavam no alpendre, testemunhando que ele estava com Jesus, o nazareno. O mesmo Pedro que já havia negado firmemente da primeira vez faz, agora, solenes juramentos, dizendo: *Não conheço esse homem*. Pedro não apenas nega que conhece Jesus, mas faz isso com juramento. Dá garantias de que Jesus é para ele um desconhecido. Pedro quebra todos os seus vínculos com Jesus. Rompe sua aliança e retrocede em sua fidelidade. O medo das consequências empalideceu a sua fé. Sua covardia sobrepujou a sua lealdade. Pedro é um fracasso. Sua valentia era apenas um ímpeto irrefletido. Seu medo, porém, o dominava a ponto de ditar suas palavras e forjar suas ações. Pedro faz um solene juramento em cima de uma mentira desabrida. Ele jura por Deus e lança mão da mentira, cujo pai é o diabo.

A terceira negação de Pedro é mais intensa, pois não procede apenas de uma criada como da primeira vez, nem emana de uma acusação indireta de outra criada como da segunda vez. Agora, todos aqueles que estavam ao redor olharam nos seus olhos e o atacaram com fatos irretorquíveis. Assim narra Mateus: *Pouco depois, os que estavam ali aproximaram-se e disseram a Pedro: Certamente, tu também és um deles, pois o teu falar te denuncia. Então, ele começou a proferir maldições e a jurar: Não conheço esse homem* [...] (Mateus 26:73,74). A acusação vem da coletividade. Não se trata de uma insinuação isolada. Todos os presentes reconhecem que Pedro era um discípulo de

Jesus e falam isso direta e convictamente. Os circunstantes não apenas acusam, mas sustentam a acusação com uma prova irrefutável. O sotaque galileu de Pedro era inconfundível. Um galileu não conseguiria manter-se anônimo de boca aberta. Pedro tropeçou não apenas em suas palavras, mas também em seu pesado sotaque galileu.

O mesmo Pedro que já havia negado seu vínculo com Jesus, lançando mão de um juramento falso, agora desce mais um degrau em sua vertiginosa queda, quando pragueja, blasfema e usa palavras torpes para sustentar o seu juramento.

Lá dentro da casa do sumo sacerdote, o Sinédrio monta um esquema perverso para incriminar Jesus. Não estava interessado na verdade nem mesmo na justiça. Antes, procurava algum testemunho falso contra ele. Muitas testemunhas falsas se apresentaram, mas eram por demais inconsistentes. Afinal, apareceram duas testemunhas, afirmando: *Ele afirmou: Posso destruir o santuário de Deus e reconstruí-lo em três dias* (Mateus 26:61). Essas falsas testemunhas laboraram em erro quando deram às palavras de Jesus uma interpretação diferente daquela intentada pelo Senhor, uma vez que Jesus não falara essas palavras numa referência ao templo de Jerusalém, mas ao templo do seu corpo, que seria morto, mas ao terceiro dia ressurgiria gloriosamente.

O sumo sacerdote, com sua astúcia costumeira, tenta colocar Jesus contra a parede, ao perguntar-lhe: *Então o sumo sacerdote levantou-se e perguntou-lhe: Nada respondes ao que estes depõem contra ti?* (Mateus 26:62). O silêncio sepulcral de Jesus perturba mais o sumo sacerdote do que as palavras mais eloquentes.

O sumo sacerdote, atordoado com o silêncio de Jesus, lhe disse: [...] *Ordeno que jures pelo Deus vivo e diga-nos se tu és o Cristo, o Filho de Deus* (Mateus 26:63). *Jesus lhe respondeu: É como disseste. Contudo, digo-vos que de agora em diante vereis o Filho do homem assentado à direita do poderoso, e vindo sobre as nuvens do céu* (Mateus 26:64). Jesus declara a seus inimigos o que tantas vezes já dissera a seus discípulos. Assume com firmeza inabalável sua messianidade. Mesmo sabendo que essa declaração provocaria a fúria mais insana de seus inquiridores, Jesus acentua sua natureza divina, sua posição de governante supremo do universo e sua gloriosa vinda. Os membros do Sinédrio pensavam estar no controle da situação, mantendo sob cadeias um prisioneiro indefeso, porém estavam apenas cumprindo um plano eterno de Deus. Não eram eles, os algozes, que estavam no controle, mas o próprio Jesus. Era Jesus, o prisioneiro naquela atabalhoada corte, que estava com as rédeas em suas mãos, e não seus interrogadores. Não era Jesus o vencido naquele embate, mas as autoridades máximas do seu povo.

Diante da declaração ousada de Jesus, o sumo sacerdote rasgou as suas vestes e disse: [...] *Blasfemou; para que precisamos ainda de testemunhas? Acabais de ouvir a blasfêmia. Que vos parece? Eles responderam:: É réu digno de morte* (Mateus 26:65,66). Os mestres judeus estavam certos quando acreditavam que ninguém pode se fazer Deus sem cometer o terrível pecado de blasfêmia. Mas eles estavam errados em não reconhecer Jesus como Deus, coigual, coeterno e consubstancial com o Pai. Eles estavam errados em não reconhecer Jesus como Filho do homem, como o Messias prometido. Eles estavam errados em não perceber que Jesus é o Filho de Deus, o Verbo eterno, pessoal, divino, criador e sustentador da vida. Eles pensaram que Jesus era um embusteiro, um falso Cristo. Por isso, odiaram-no, acusaram-no e julgaram-no: É réu digno de morte!

O descontrole tomou conta dos juízes. Os membros do Sinédrio tornaram-se uma turba insana. Mateus registra com cores fortes a cena: *Então alguns cuspiram-lhe no rosto e deram-lhe socos; e outros deram-lhe tapas, dizendo: Ó Cristo, profetiza-nos quem foi que te bateu* (Mateus 26:67,68). Enquanto Pedro está no pátio da casa do sumo sacerdote, aquentando-se junto aos inimigos de Jesus, o Filho de Deus está sendo cuspido, esbordoado e escarnecido pelos membros do Sinédrio.

A negação de Pedro é contrastada com a afirmação de Jesus. Enquanto Jesus reafirma sua messianidade, Pedro nega seu apostolado. Enquanto Jesus confirma ser o Filho de Deus, Pedro nega conhecê-lo. Enquanto Jesus está pronto a morrer por causa da verdade, Pedro está lutando para poupar sua vida, lançando mão da mentira. Enquanto Jesus é golpeado e cuspido por dizer a verdade, Pedro tenta escapar do sofrimento, recorrendo à mentira. Caminhando resoluto para a morte, Jesus é vencedor, ao passo que Pedro, fugindo desesperadamente da morte, é um perdedor.

O CANTO DO GALO

Logo que Jesus desceu do cenáculo com seus discípulos rumo ao jardim de Getsêmani, alertou-os acerca da profecia de Zacarias: [...] *fere o pastor, e as ovelhas ficarão dispersas* [...] (Zc 13:7). Jesus faz a aplicação da profecia, dizendo-lhes: [...] *Esta noite todos vós desertareis* [...] (Mateus 26:31). A debandada geral dos discípulos em face de sua prisão, condenação e morte não foi uma surpresa para Jesus. Essa realidade já estava profetizada. Pedro, ao ouvir esse relato, foi logo afirmando que, ainda que todos os outros discípulos sucumbissem, ele jamais faria isso. Ainda que todos se acovardassem na hora do perigo, ele jamais se deixaria abater. Pedro, estribado em sua autoconfiança, colocou-se acima de seus pares e prometeu não se escandalizar com Jesus, mesmo que as circunstâncias fossem as mais adversas. Longe de se impressionar com a robusta coragem de Pedro, Jesus o confronta com uma realidade que desnudaria sua ruidosa covardia. *Jesus lhe disse: Em verdade te digo que esta noite, antes que o galo cante, três vezes me negarás* (Mateus 26:34). A voz da negação de Pedro anteciparia o canto do galo naquela noite. Longe de amar Jesus mais do que os outros discípulos, devotando a ele uma fidelidade inegociável, Pedro despencaria ladeira abaixo, negando, jurando e blasfemando, dizendo não conhecer Jesus.

PEDRO, UM HOMEM VULNERÁVEL

O canto do galo foi a sirene que soou na alma de Pedro, alertando-o acerca de sua consumada fraqueza. O mesmo canto que rasgou o silêncio daquela fatídica noite acordou Pedro de seu torpor espiritual. Quando o galo cantou, Pedro já havia negado Jesus três vezes. Enquanto uma ave canta, o discípulo de Jesus blasfema. Foi preciso que Pedro ouvisse o galo cantar para lembrar-se das palavras de Jesus (Mateus 26:74,75).

O OLHAR COMPASSIVO DE JESUS

No mesmo momento em que Pedro nega Jesus com juramentos e impropérios, no mesmo instante em que o galo canta para acordar a consciência de Pedro, Jesus crava seu olhar nele. Assim escreve Lucas:

> Mas Pedro respondeu: Homem, não sei o que estás dizendo. Imediatamente, enquanto ele ainda estava falando, o galo cantou. Então o Senhor, virando-se, olhou para Pedro; e Pedro lembrou-se da palavra que o Senhor lhe havia falado: Hoje, antes que o galo cante, três vezes me negarás. Pedro, então, saindo dali, chorou amargamente (Lucas 22. 60-62).

O olhar de Jesus é de ternura e amor. É um olhar que penetra na alma para levar Pedro ao arrependimento. Jesus não esmaga a cana quebrada nem apaga a torcida que fumega.

O olhar de Jesus nos restaura. Há um cântico espiritual que retrata essa magna verdade:

Uma luz brilhou em meu caminho
Quando eu ia triste e sozinho
Foi seu divino olhar, que me ensinou a amar
Foi um minuto só do seu olhar.
Foi um minuto só, um minuto só
Foi um minuto só, do seu olhar
Tudo em mim mudou, tudo em mim cantou
Foi um minuto só do seu olhar.
Jesus mudou a minha vida
Nunca mais eu serei o mesmo
Quando eu olhei pra cruz, nela eu vi Jesus
Foi um minuto só do seu olhar.

Jesus está olhando para você hoje. Ele está vendo suas palavras, sua vida, seu testemunho, os lugares aonde você está indo, o que você está fazendo. Mas hoje mesmo você pode ser restaurado pelo divino olhar do Senhor Jesus. Talvez, leitor, você possa cantar:

Vivi tão longe do Senhor, assim eu quis andar
Até que eu encontrei a luz no seu divino olhar
Seu maravilhoso olhar, seu maravilhoso olhar
Transformou o meu ser, todo o meu viver
Seu maravilhoso olhar!

O CHORO DE ARREPENDIMENTO DE PEDRO

O evangelista Marcos relata esse episódio assim: [...] e *Pedro lembrou-se da palavra que o Senhor lhe havia falado*

[...] *então, saindo dali, chorou amargamente* (Marcos 14:72). Mateus corrobora: [...] *Então, saindo dali, chorou amargamente* (Mateus 26:75).

Pedro considerou que havia negado o seu Senhor. Naquela noite fatídica, Pedro saiu da casa do sumo sacerdote chutando as pedras por entre os olivais. Ele foi para casa com sua consciência em brasa, arrebentado, quebrado e sem parar de soluçar. Passou a noite sem dormir. Alagou seu leito. Virava de um lado para o outro sem poder conciliar o sono. Pedro refletiu sobre a excelência do seu Senhor, a quem negara. Pedro se lembrou do tratamento especial que havia recebido como um dos primeiros, com Tiago e João. Pedro recordou que havia sido solenemente advertido pelo Senhor. Pedro se recordou dos próprios votos de fidelidade (Marcos 14:29). Pedro chorou amargamente. A palavra grega usada para definir "amargamente" tem o significado de "água podre". Pedro, porém, diferente de Judas, não engoliu o veneno. Sempre há esperança para aqueles que choram o choro do arrependimento!

Pensemos em nós: 1) o nosso pequeno progresso na vida espiritual; 2) a nossa negligência com as almas dos outros; 3) a nossa pouca comunhão com o Senhor; 4) a pequena glória que estamos dando ao grande nome do Senhor. Tudo isso deveria nos levar às lágrimas de arrependimento.

Capítulo 5

Pedro, um homem restaurado por Jesus

Pedro acovardou-se, negou Jesus e chorou amargamente. Pedro saiu de cena, escondeu-se, com medo dos judeus. Na fatídica quinta-feira à noite, Pedro abandona o recinto onde Jesus estava sendo cuspido e esbordoado pelos membros do Sinédrio judaico e desaparece nas brumas da noite. Saiu com a cara empapuçada de lágrimas, chutando pedras no meio dos olivais. Foi para casa atordoado com sua fraqueza. Naquela noite, alagou seu leito, virou de um lado para o outro, vendo passar a madrugada interminável. Havia negado sua fé, seu apostolado, seu nome, seu Senhor. Pedro havia desistido de tudo, mas Jesus não havia desistido de Pedro.

A ausência de Pedro

Naquela noite tenebrosa, em que as autoridades judaicas se mancomunaram traiçoeiramente para condenar Jesus, espancando-o, julgando-o e condenando-o, Pedro estava ausente.

PEDRO, UM HOMEM RESTAURADO POR JESUS

Na sexta-feira bem cedo, o Sinédrio judaico reúne-se às pressas, para formular uma nova acusação contra Jesus. Sabiam que a primeira acusação, blasfêmia contra Deus, não lograria êxito diante do pretório romano. Por isso, fabricaram uma nova acusação contra Jesus, rebelião contra Roma, conspiração contra César. Mais uma vez, Pedro não estava lá.

No raiar da sexta-feira, Jesus é levado ao pretório romano, e os principais sacerdotes o acusam perante Pilatos, e Pedro não está lá. Jesus é enviado a Herodes para ser julgado. Herodes escarnece de Jesus e o devolve a Pilatos, e Pedro não está lá.

Jesus é açoitado brutalmente pelos soldados romanos. Cravam-lhe na fronte uma coroa de espinho. Pilatos, por covardia, entrega Jesus para ser crucificado, e Pedro não estava lá.

Jesus carrega uma pesada cruz pelas ruas estreitas de Jerusalém, sob os apupos e vaias de uma multidão ensandecida. Seu corpo surrado, ensanguentado, abatido, tomba sob o madeiro, e Pedro não estava lá para carregar o lenho em lugar de seu Senhor.

Às 9 horas daquela manhã de sexta-feira, Jesus é pregado naquele leito vertical da morte, suspenso entre a terra e o céu, sofrendo dores atrozes, debaixo de escárnio indescritível, e Pedro não estava lá.

Foram seis horas de execração pública, de exposição vergonhosa. Jesus despido de suas vestes, com o corpo ensanguentado, estava preso ao lenho maldito, suportando dor, fadiga e sede. Jesus estava sofrendo todo tipo de escárnio, e Pedro não estava lá.

Às 3 horas da tarde, Jesus deu um grande brado, entregou seu espírito ao Pai e expirou. O véu do templo rasgou-se de alto a baixo. As pedras rolaram das encostas, e os túmulos foram abertos. Pedro não estava lá para dar um sepultamento digno ao Senhor. Foi necessário que José de Arimateia e Nicodemos fizessem isso.

Pedro está ausente na sexta-feira e também durante todo o dia de sábado. No domingo de manhã, enquanto as mulheres se dirigem ao túmulo de Jesus, Pedro estava trancado, com medo dos judeus.

O CUIDADO DE JESUS COM PEDRO

Se Pedro fugiu do horrendo espetáculo do Calvário, as mulheres estavam lá. Se Pedro se esconde, com medo, as mulheres vão ao sepulcro. Se Pedro se acovarda, as mulheres ousadamente se apresentam. O dilema das mulheres era saber quem removeria a pesada pedra do túmulo. Quando chegam, não apenas a pedra tinha sido removida, mas havia um anjo assentado dentro do túmulo, vestido de branco. O anjo disse às mulheres: [...] *Não tenhais medo; procurais Jesus, o Nazareno, que foi crucificado. Ele ressuscitou! Não está aqui. Este é o lugar onde o puseram. Mas ide, dizei a seus discípulos, e a Pedro, que ele vai adiante de vós para a Galileia. Ali o vereis, como ele vos disse* (Marcos 16:6,7).

Por que Jesus faz menção especial a Pedro? Pedro não era discípulo? Jesus faz menção especial a ele, porque sabia que a essa altura Pedro não se sentia mais discípulo. Pedro imaginou que não havia mais chance para ele. Pedro se sentiu indigno. Pedro desistiu de tudo, mas Jesus não desistiu de Pedro.

Naquela manhã de domingo, Maria Madalena correu à casa onde estava Pedro e João e comunicou a eles que o túmulo de Jesus estava vazio. Os dois saíram desabalados a toda pressa. João, sendo mais novo, chegou na frente, mas foi Pedro que entrou primeiro no túmulo. Ambos viram os lençóis e toda a indumentária mortuária. Pedro, porém, voltou para casa e continuou trancado com medo dos judeus.

Chega a hora, então, de viajar para a Galileia. São aproximadamente 130 quilômetros. Esse longo percurso foi feito a pé. Pedro vai com mais seis condiscípulos. A cada passada que dava, era uma fisgada na alma, uma martelada na consciência. Certamente ele imaginava que Jesus iria colocar o dedo em riste e dizer que ele era um fracasso, um covarde, uma decepção. Pedro vai atordoado e esmagado por essas ideias. Pedro é a síntese da crise, o somatório de grandes fracassos.

PEDRO VOLTA ÀS REDES DA PESCARIA

Quando Pedro chega à Galileia, Jesus não está lá. Sua crise se agrava ainda mais. Pedro, então, diz para seus colegas: [...] *Vou pescar* [...] (João 21:3). Pedro era um líder, e liderança é, sobretudo, influência. Os outros disseram:

[...] Nós *também vamos contigo* [...] (João 21:3). O que significa isso? Alguns estudiosos dizem que Pedro foi pescar porque não conseguia ficar ocioso nem um dia sequer. Outros dizem que ele precisava de sustento, e era legítimo que tomasse essa decisão. No entanto, entendo que, quando Pedro disse *Vou pescar*, estava dizendo: "Chegou o fim da linha. Acabou o sonho. Não dá mais para prosseguir. Vou voltar às redes. Vou reabrir minha empresa. Vou retornar ao passado e recomeçar meus negócios. Vou desistir desse sonho de ser apóstolo. Fui longe demais, e não dá mais para recomeçar esse nobre ideal".

JESUS RESTAURA A VIDA DE PEDRO

Aquela pescaria foi um fracasso. Naquela noite, nada apanharam. O mar não estava para peixe. Depois de uma noite inteira de árdua faina, os discípulos voltam no final da madrugada, com as redes vazias e o coração ainda mais cheio de ansiedade. Estavam a menos de cem metros da praia, quando uma personagem desconhecida, caminhando pela praia, dirige-se a eles nestes termos: [...] *Filhos, não tendes nada para comer?* [...] (João 21:5). Quem seria esse caminhante misterioso? Por que se dirige a eles com tamanha doçura? Por que os chama de filhos? Por que pergunta sobre provisão? É curioso que Jesus não se dirige a eles, chamando-os de desertores, covardes, fracassados, mas chamando-os de amigos!

A resposta à personagem desconhecida foi um sonoro não. O resultado da pesca foi um fracasso retumbante!

PEDRO, UM HOMEM RESTAURADO POR JESUS

Diante da frustração desses pescadores, Jesus lhes disse: [...] *Lançai a rede à direita do barco, e achareis. Então lançaram a rede e não conseguiam puxá-la por causa da grande quantidade de peixes* (João 21:6). Por que Jesus se manifesta a eles no contexto dessa pescaria milagrosa? É porque foi numa pescaria milagrosa que Jesus ordenou a Pedro largar as redes para ser um pescador de homens (Lucas 5:1-11). Agora, Jesus cria a mesma cena, no mesmo mar, para dizer a ele: "Pedro, eu sou o mesmo que um dia chamou você. Estou aqui hoje para restaurar você, para lhe dar uma nova chance, para recomeçar com você uma nova caminhada. Pedro, eu não desisti de você. Eu não abdico do direito de ter você comigo. Não abro mão de sua vida. Eu sou o Deus da segunda chance. Não pense em voltar atrás. Não cogite em voltar à sua empresa. Meu plano para sua vida não foi interrompido por causa de sua queda. Eu não desisti de você por causa de seu fracasso. Estou aqui para dizer que sou o mesmo, imutavelmente o mesmo, eternamente o mesmo que um dia chamou você para ser um pescador de homens!"

O mesmo Pedro que ficou assombrado com a primeira pescaria milagrosa e se prostrou aos pés de Jesus olha, agora, e vê 153 grandes peixes saltando na rede. João, com sua percepção mais aguçada, diz a Pedro: [...] *É o Senhor!* [...] (João 21:7). Simão Pedro, ouvindo isso, cingiu-se com sua veste e lançou-se ao mar. Imagino que seu coração estava acelerado. Sua mente era um turbilhão. Deve ter pensado: "É agora que Jesus vai me quebrar. Ele vai colocar o dedo no meu nariz e acabar comigo. Ele vai expor minha fraqueza, denunciar minha covardia".

Quando Pedro chega, toma um susto! Longe de palavras duras, de repreensão severa, vê na praia [...] *pão e um peixe sobre brasas* (João 21:9). Por que aquele braseiro? A palavra "braseiro" só aparece duas vezes no Novo Testamento. A primeira vez foi onde Pedro negou Jesus. Agora, onde Jesus restaura Pedro. Jesus quer trazer à memória de Pedro o cenário de sua queda, para mostrar a Pedro que ele será levantado exatamente no lugar onde caiu. Onde abundou o pecado, superabundou a graça. Onde Pedro foi um fracasso, ele pode ser colocado de pé. O braseiro da queda trouxe-lhe amarga derrota; o braseiro da restauração tem provisão. Jesus não expõe seus discípulos ao ridículo, mas provê para eles um desjejum. O braseiro era para aquecê-los do frio. Os pães e os peixes eram para alimentá-los depois de uma noite de trabalho extenuante.

Depois que Jesus atendeu às necessidades físicas dos discípulos, aquecendo-os e alimentando-os, perguntou a Pedro na presença de seus pares: [...] *Simão, filho de João, tu me amas mais do que estes?* [...] (João 21:15). Não bastaria a Pedro amar Jesus como os outros? Por que deveria Pedro amar Jesus mais do que os outros? Por que Jesus faz essa pergunta? Para corrigir o orgulho de Pedro. Quando caminhavam para o Getsêmani, Pedro afirmou ser melhor do que os outros discípulos. Pedro colocou-se acima dos outros, mais fiel, mais comprometido, mais amoroso. Pedro prometeu a Jesus uma fidelidade incondicional.

PEDRO, UM HOMEM RESTAURADO POR JESUS

Garantiu a ele que, ainda que todos fugissem, ele jamais o abandonaria. Quando Jesus faz essa pergunta, está querendo dizer o seguinte: "Pedro, você ainda pensa que é melhor do que os outros? Você ainda acredita que é mais fiel do que os outros? Você ainda mantém a mesma posição?" Com essa pergunta, Jesus estava tratando do orgulho de Pedro, levando-o a descer do pedestal. Pedro respondeu: [...] *Sim, Senhor; tu sabes que te amo. Jesus lhe disse: Cuida dos meus cordeiros* (João 21:15).

Jesus dirige-se a Pedro e pergunta a ele uma segunda vez: [...] *Simão, filho de João, tu me amas?* [...] (João 21:16). Agora Jesus não pergunta se ele ama mais, mas apenas se ama. Pedro respondeu da mesma forma: [...] *Simão, filho de João, tu me amas? Ele respo deu: Sim, Senhor; tu sabes que te amo. Jesus lhe disse: Pastoreia as minhas ovelhas* (João 21:16).

Pela terceira vez, Jesus perguntou a Pedro: [...] *Simão, filho de João, tu me amas?* [...] (João 21:17). Pedro começou a entristecer-se por Jesus ter lhe perguntado a terceira vez e respondeu: [...] *Senhor, tu sabes todas as coisas e sabes que eu te amo. Jesus lhe disse: Cuida das minhas ovelhas* (João 21:17).

Por que Jesus perguntou a Pedro três vezes? Porque três vezes Pedro negou Jesus. Para cada vez que Pedro negou Jesus, este lhe deu a oportunidade de reafirmar o seu amor. Jesus está dando a Pedro a oportunidade de se levantar onde ele caiu. Se fosse um jogo, poderíamos pensar no seguinte resultado: Quando Pedro negou Jesus a primeira vez, passou a perder o jogo pelo placar de um a zero. Ao negar a segunda vez, passou a perder o jogo por dois a zero. Ao negar a terceira vez, passou a sofrer uma goleada de três a zero. Quando Pedro afirmou seu amor a Jesus a primeira vez, o placar mudou para três a um. Ao afirmar seu amor a Jesus a segunda vez, o resultado passou a ser três a dois. Quando Pedro proclamou seu amor a Jesus pela terceira vez, o jogo ficou empatado. Então, Jesus lhe disse: [...] *Segue-me* (João 21:19). O placar mudou, e Pedro venceu o jogo por quatro a três. Onde abundou o pecado, superabundou a graça!

Contudo, por que Pedro se entristeceu com a terceira pergunta de Jesus? Porque Jesus mudou a ênfase da pergunta! No original grego, essa passagem é mais rica do que podemos colocá-la na língua portuguesa. Quando Jesus perguntou a Pedro na primeira vez e na segunda sobre seu amor, usou o verbo grego *agapao* para "amor". Ágape é o amor sacrificial, o amor que dá sua vida pelo outro. Jesus perguntou a Pedro na primeira vez e na segunda: "*Simão, filho de João, tu me amas* com amor ágape? Estás pronto a dar tua vida por mim?" A essas duas perguntas, Pedro respondeu com outro tipo de amor, o amor *philia*, que significa amor de amizade, amor de afeição. Ele respondeu: "Sim, Senhor, eu gosto do Senhor como amigo. Eu tenho afeição pelo Senhor". Na terceira pergunta, Jesus passa a usar o mesmo verbo que estava sendo usado por Pedro. Pergunta a ele: "Simão, filho de João, tu me amas com amor *philia?* Tens afeição por mim? Gostas de mim como um amigo?" Pedro se entristece, porque agora não é sua disposição de morrer por Jesus que está em pauta, mas sua afeição por ele.

Jesus não perguntou a Pedro acerca de seu amor porque desconhecesse seu coração. Essas perguntas não foram feitas por causa de Jesus, mas por causa de Pedro. O próprio Pedro confessa três vezes que Jesus conhecia seu amor (João 21:15-17). Pedro sabe que Jesus é poderoso para sondar os corações, e nada fica oculto diante dos seus olhos. Jesus faz essas três perguntas a Pedro para reacender em seu coração a chama do amor. Pedro estava desistindo de tudo, mas Jesus sabia que em seu coração Pedro o amava. O amor por Jesus é o caminho da restauração.

JESUS RESTAURA O MINISTÉRIO DE PEDRO

Depois de restaurar a vida de Pedro, Jesus também restaura seu ministério. No passado, quando Jesus o chamou para ser discípulo, deu-lhe uma rede para ser pescador de homens; agora, quando Jesus o restaura, dá-lhe um cajado de pastor e lhe diz: "*Cuida dos meus cordeiros*, pastoreia as minhas ovelhas, *cuida das minhas ovelhas*".

No final de cada declaração de amor de Pedro a Jesus, Jesus dá uma ordem a Pedro. Primeiro, Jesus lhe diz: [...] *Cuida dos meus cordeiros* (João 21:15). A palavra "cuidar" significa alimentar como uma mãe amamenta uma criança. O pastor precisa cuidar dos cordeiros, ou seja, das ovelhas tenras do rebanho. Isso pode ser tanto uma referência às crianças como aos neófitos. O pastor precisa exercer o papel de mãe (Colossenses 2:7) e o papel de pai (1Coríntios

4:15). Precisa ser dócil e ao mesmo tempo firme. Precisa alimentar e ao mesmo tempo proteger. Segundo, Jesus lhe diz: [...] *Pastoreia as minhas ovelhas* (João 21:16). Pastorear é alimentar, ensinar, proteger, guiar, corrigir, disciplinar, carregar no colo. Pedro não é um papa que ocupa uma posição de supremacia na igreja; ele é um pastor que cuida do rebanho. Não está acima dos demais pastores do rebanho, mas é um pastor entre os outros pastores (1Pe 5:1-4). Terceiro, Jesus lhe diz: [...] *Cuida das minhas ovelhas* (João 21:17). Agora, Jesus emprega a mesma palavra usada no versículo 15 para expressar seu cuidado maternal e paternal com os cordeiros. As ovelhas precisam, também, ser amadas, cuidadas e alimentadas como se cuida de uma criança tenra. O pastor não é aquele que governa o povo com rigor desmesurado, mas é como uma mãe que acaricia e como um pai que protege.

Pedro estava pensando em desistir de ser apóstolo, mas o propósito de Jesus era restaurá-lo ao apostolado. Pedro estava pensando em voltar às redes, e Jesus coloca em suas mãos o cajado de um pastor. Pedro estava olhando para o retrovisor e pensando em retroceder, e Jesus o coloca sobre os ombros dos gigantes para ter a visão do farol alto a fim de contemplar um glorioso trabalho no futuro.

Jesus descortina o futuro de Pedro

Depois de restaurar a vida e o ministério de Pedro, Jesus descortina o seu futuro e lhe diz: *Em verdade, em verdade te digo que, quando eras mais moço, te vestias a ti mesmo e*

PEDRO, UM HOMEM RESTAURADO POR JESUS

andavas por onde querias. Mas, quando fores velho, esten-derás as mãos e outro te vestirá e te levará para onde não queres ir (João 21:18). O que Jesus quis dizer com essas palavras? Jesus estava profetizando, dizendo que, quando Pedro era jovem, era livre para tomar suas decisões, mas chegaria um dia em que Pedro seria preso e levado para o martírio. Então, suas mãos seriam estendidas sobre um lenho, e ele morreria numa cruz.

Vale destacar que foi exatamente essa a promessa que Pedro fizera. Na noite em que Jesus foi preso e julgado pelo Sinédrio, Pedro prometeu a Jesus que daria sua vida por ele. Mateus registra assim esse fato: *Pedro lhe respon-deu: Ainda que seja necessário morrer contigo, de nenhum modo te negarei* [...] (Mateus 26:35). Marcos é ainda mais enfático em seu relato: *Mas ele* [*Pedro*] *repetia com mais veemência: Ainda que seja necessário morrer contigo, de ne-nhum modo te negarei* [...] (Marcos 14:31). Lucas registra: *Pedro lhe disse: Senhor, estou pronto para ir contigo, tanto para a prisão como para a morte* (Lucas 22:33).

O evangelista João interpreta o versículo 18 em co-nexão com o versículo 19, quando escreve: *Com isso ele se referiu ao tipo de morte com que Pedro glorificaria a Deus* [...](João 21:19). Os anos se passaram. Pedro, restau-rado por Jesus, dedicou sua vida ao serviço do mestre. Contudo, a partir do ano 64 d.C., com o incêndio de Roma, uma perseguição brutal foi desencadeada contra a igreja, pois o imperador Nero, o incendiário, culpou os cristãos dessa horrível façanha. Naquela época, faltou madeira para crucificar os cristãos. Eram, então amarrados em postes, cobertos de piche e incendiados vivos para iluminar as noites de Roma. Por volta do ano 67 d.C., Pedro foi preso e condenado à morte. Como não era um cidadão romano como Paulo, ele foi condenado a morrer crucificado.

Dizem os historiadores que, no momento do seu martírio, ele disse a seus algozes: "Eu não sou digno de morrer como o meu Senhor. Crucifiquem-me de cabeça para baixo". Assim morreu Pedro, o apóstolo que abriu a porta do evangelho tanto para judeus como para gentios.

Foi depois desse vaticínio de seu martírio que Jesus disse a Pedro: [...] *Segue-me!* [...] O evangelista João registra: [...] *E, havendo dito essas coisas, ordenou-lhe: Segue-me* (João 21:19). Jesus não disse a Pedro: "Segue-me para a riqueza! Segue-me para o sucesso! Segue-me para os aplausos do mundo!" Mas disse-lhe: "Segue-me para o sacrifício! Segue-me para o martírio! Segue-me para a morte!"

Pedro quis saber o destino de João, seu companheiro de pescaria e condiscípulo: *Ao vê-lo, Pedro perguntou a Jesus: Senhor, o que acontecerá a ele?* (João 21:21). Jesus respondeu-lhe: [...] *Se eu quiser que ele fique até que eu venha, que te importa? Segue-me tu!* (João 21:22). A providência de Deus na vida de seus servos nem sempre é a mesma. João deveria glorificar Deus tendo uma vida longa, e Pedro deveria glorificar Deus através de sua morte. João deveria glorificar Deus na velhice, e Pedro deveria glorificar

PEDRO, UM HOMEM RESTAURADO POR JESUS

Deus no martírio. Não importa como se fecharão as cortinas de nossa vida, pois a Escritura diz: *Pois, se vivemos, para o Senhor vivemos; se morremos, para o Senhor morremos. De modo que, quer vivamos, quer morramos, somos do Senhor* (Romanos 14:8).

A crucificação era uma morte maldita. Era aplicada aos criminosos mais terríveis. Mas Pedro, à semelhança do seu Senhor, suportou esse patíbulo de vergonha e dor e, nesse leito vertical da morte, glorificou Deus!

CAPÍTULO 6

PEDRO, UM HOMEM USADO POR DEUS

Aquele Pedro inconstante, medroso e covarde tornou-se um homem intrépido e poderoso nas mãos de Deus, desde que foi restaurado por Jesus.

PEDRO, UM HOMEM REVESTIDO COM O PODER DO ESPÍRITO SANTO

Dez dias depois da ascensão de Cristo, veio o Pentecostes. Jesus subiu, e o Espírito Santo desceu. Desceu porque o Pai o prometeu. Desceu porque a igreja orou. Desceu porque Jesus o derramou. Desceu para ficar para sempre com a igreja. Desceu para revestir a igreja de poder. Desceu para capacitar os discípulos a fazer uma grande obra.

O derramamento do Espírito Santo foi um fenômeno celestial. Não foi algo produzido, ensaiado, fabricado. Algo do céu verdadeiramente aconteceu. Foi incontestável e irresistível. Foi soberano; ninguém pôde produzi-lo. Foi eficaz; ninguém pôde desfazer os seus resultados. Foi definitivo; ele veio para ficar para sempre com a igreja. A vinda do Espírito envolveu um som para ouvir, um cenário para ver e um milagre para experimentar. Quatro fatos nos chamam a atenção: Primeiro, o derramamento do Espírito veio como um som (2:2). Não foi barulho, algazarra, falta de ordem, histeria, mas um som do céu. A palavra grega *echos*, usada aqui, é a mesma que está Lucas 21:25 para descrever o estrondo do mar. O derramamento do Espírito foi um acontecimento audível, verificável, público, reverberando sua influência na sociedade. Esse impacto atraiu grande multidão para ouvir a Palavra.

Segundo, o derramamento do Espírito veio como um vento (2:2). O vento é símbolo do Espírito Santo (Ez 37:9,14; João 3:8). O Espírito veio em forma de vento para mostrar sua soberania, liberdade e inescrutabilidade. O Espírito, assim como o vento, é livre; ele sopra onde quer, da forma que quer, em quem quer. O Espírito sopra onde jamais sopraríamos e deixa de soprar onde gostaríamos que ele soprasse. O Espírito, como o vento, é soberano; ele sopra irresistivelmente. O chamado de Deus é irresistível, e sua graça é eficaz. O Espírito sopra no templo, na rua, no hospital, no campo, na cidade, nos ermos da terra e nos antros do pecado. Quando ele sopra, ninguém pode detê-lo. Os homens podem até medir a velocidade do vento, mas não podem mudar o seu curso. Como o vento, o Espírito também é misterioso; ninguém sabe de onde ele vem nem para onde vai. Seu curso é livre e soberano. Deus não se submete à agenda dos homens. Ele não se deixa domesticar.

Terceiro, o derramamento do Espírito veio em línguas como de fogo (2:3). O fogo também é símbolo do Espírito Santo. Deus se manifestou a Moisés na sarça onde o fogo ardia e não se consumia (Êxodo 3:2). Quando Salomão consagrou o templo ao Senhor, desceu fogo do céu (2Cr 7:1). No Carmelo, Elias orou, e o fogo desceu (1Rs 18:38,39). Deus é fogo. Sua Palavra é fogo. Ele faz dos seus ministros labaredas de fogo. Jesus batiza com fogo, e o Espírito desceu em línguas como de fogo. O fogo ilumina, purifica, aquece e se alastra. Jesus veio para lançar fogo sobre a terra.

Quarto, o derramamento do Espírito traz uma experiência pessoal de enchimento do Espírito Santo (2:4). Aqueles discípulos já eram salvos. Por três vezes, Jesus havia deixado isso claro (João 13:10; 15:3; 17:12). De acordo com a teologia de Paulo, se eles já eram salvos, tinham o Espírito Santo, pois o apóstolo escreveu: [...] *se alguém não tem o Espírito de Cristo, não pertence a Cristo* (Romanos 8:9). Jesus disse: [...] *se alguém não nascer da água e do Espírito, não pode entrar no reino de Deus* (João 3:5). Além de já terem o Espírito Santo, Jesus após sua ressurreição ainda soprou sobre eles o Espírito Santo e disse: [...] *Recebei o Espírito Santo* (João 20:22). Mas, a despeito de serem regenerados pelo Espírito e de receberem o sopro do Espírito, eles ainda não estavam cheios do Espírito. Uma coisa é ter o Espírito Santo; outra coisa é o Espírito Santo nos possuir. Uma coisa é ser habitado pelo Espírito; outra coisa é ser cheio do Espírito. Uma coisa é ter o Espírito presente; outra é ter o Espírito presidente. A experiência da plenitude é pessoal (Atos 2:3,4). O Espírito desce sobre cada um individualmente. Cada um vive a própria experiência. Ninguém precisa pedir, como as virgens néscias, azeite emprestado. Todos ficaram cheios do Espírito. Logo que eles ficaram cheios do Espírito, começaram a falar as grandezas de Deus (2:11). Sempre que alguém ficou cheio do Espírito no livro de Atos, começou a pregar (Atos 1:8; 2:4,11,14,41; 4:8,29-31; 6:5,8-10; 9:17-22; Colossenses 1:5; 1Coríntios 2:4). A plenitude do Espírito nos dá poder para pregar com autoridade.

O mesmo Pedro que outrora estava trancado com medo dos judeus é, agora, trancado por falta de medo. O mesmo Pedro que outrora negara Jesus diante de uma criada enfrenta, agora, com inabalável ousadia, enfrenta o Sinédrio. O mesmo Pedro que outrora seguia Jesus de longe, lidera, agora, a igreja numa jornada vitoriosa. O mesmo Pedro que outrora fugira covardemente da prisão e da morte, abandonando seu Senhor, enfrenta, agora, açoites, prisões e está pronto a dar sua vida por Cristo.

O Pentecostes foi um divisor de águas na história de Pedro. Antes de ser revestido com o poder do Espírito Santo, Pedro era um homem impetuoso, mas covarde; falante, mas precipitado; ousado em suas declarações, mas frágil em suas atitudes. Depois do Pentecostes, Pedro torna-se um homem irrepreensível em sua vida, irrefutável em suas palavras e irresistível em suas obras.

Pedro, um homem de oração, que prega aos ouvidos e aos olhos

Logo que Jesus ascendeu aos céus, os discípulos voltaram do monte das Oliveiras para o cenáculo, no monte Sião. Eram 120 discípulos. O primeiro nome da lista era Pedro. Eles iniciaram uma reunião de oração que durou dez dias, ininterruptamente. Todos unânimes oraram a Deus, aguardando a promessa do Pai, o revestimento de poder, o derramamento do Espírito, o batismo com o Espírito Santo (Atos 1:14). Jesus já havia deixado claro para eles: *Mas ficai na cidade até que do alto sejais revestidos de poder* (Lucas 24:49). Jesus determinou-lhes que não se ausentassem de Jerusalém, mas que esperassem a promessa do Pai, o batismo com o Espírito Santo (Atos 1:4,5). Foi incisivo quando disse: *Mas recebereis poder quando o Espírito Santo descer sobre vós; e sereis minhas testemunhas, tanto em Jerusalém como em toda a Judeia e Samaria, e até aos confins da terra* (Atos 1:8).

A oração dos discípulos foi específica, perseverante e unânime. Todos estavam irmanados no mesmo propósito, imbuídos do mesmo desejo, focados na mesma promessa. Oraram não por riquezas materiais. Oraram não por saúde física. Oraram não por sucesso profissional. Oraram não por ausência de perseguição. Oraram pelo revestimento de poder. Buscaram o derramamento do Espírito Santo. Aguardaram ansiosamente a promessa do Pai, o batismo com o Espírito Santo.

Esses discípulos oram confiantes, pois oram embasados na promessa do Pai. Nenhuma das palavras de Deus

PEDRO, UM HOMEM USADO POR DEUS   85

caiu por terra. Nenhuma de suas promessas deixou de se cumprir. Orar com base nas promessas de Deus é ter a garantia da vitória, pois o próprio Deus vela pelo cumprimento de sua palavra.

Pedro foi o líder dos discípulos antes de sua queda e continuou como líder depois de sua restauração. Ele lidera essa reunião de oração. Ele é o capitão desse exército de Deus, que bombardeia os céus com suas súplicas fervorosas. Os apóstolos aprenderam a orar com Jesus, e a igreja primitiva aprendeu a orar com os seus líderes. A igreja primitiva torna-se uma igreja de oração (Atos 2:42).

Lucas faz uma transição acerca da vida exemplar da igreja apostólica para o exemplo de Pedro e João, colunas da igreja. A igreja orava porque seus líderes eram homens de oração. A igreja experimentava as maravilhas divinas porque os apóstolos conheciam o poder do nome de Jesus. A igreja apostólica abalou o mundo porque estava cheia do Espírito Santo. O metodista piedoso do século 19 E. M. Bounds diz, com acerto, que a igreja hoje está procurando novos métodos, enquanto Deus está procurando melhores homens. Deus não unge métodos; Deus unge homens cheios do Espírito.

Pedro e João não jogaram fora a tradição de orar em três turnos por dia no templo. O dia judaico começava às 6 horas da manhã e terminava às 6 horas da tarde (Atos 3:1). Para os judeus devotos, havia três turnos de oração por dia: às 9 da manhã, ao meio-dia e às 3 horas da tarde. Os apóstolos ainda mantinham esse costume. Tinham uma nova fé, mas não a utilizavam como desculpa para violar essa tradição. Sabiam bem que a nova fé e a velha disciplina podiam e deviam andar juntas. Pedro e João eram homens de oração. Eles entendiam que Deus é mais importante do que a obra de Deus.

Pedro e João são vistos juntos com frequência ao longo das Escrituras. Eram sócios no negócio de pesca (Lucas 5:10); prepararam a última Páscoa dos judeus para Jesus (Lucas 22:8); correram para o sepulcro na manhã do primeiro Domingo de Páscoa (João 20:3,4); e ministraram aos samaritanos que creram em Jesus Cristo (8:14). Agora, estão indo para o templo para orar às 3 horas da tarde (3:1).

Cinco verdades podem ser destacadas com respeito a esses dois apóstolos:

Em primeiro lugar, *Pedro e João tinham uma vida comprometida com oração. Pedro e João subiam ao templo para a oração da hora nona* (Atos 3:1). A oração era a prioridade na vida de Pedro e dos demais apóstolos. Eles oraram unânimes (Atos 1:14). Diante da ameaça do Sinédrio, eles oraram e pediram mais intrepidez para pregar, e o mundo foi abalado (Atos 4:31). Hoje é o mundo que abala a igreja. Os apóstolos chegaram a tomar uma importantíssima decisão: *Mas nós nos devotaremos à oração e ao ministério da palavra* (Atos 6:4).

Palavras sem oração são palavras mortas. Uma igreja que ora abre as portas para a intervenção milagrosa de Deus. Perguntaram certa feita a Charles Spurgeon qual era o segredo do sucesso de seu ministério. Ele respondeu:

PEDRO, UM HOMEM USADO POR DEUS

"Eu trabalho de joelhos. Meu lugar santo de oração vale mais do que toda a minha biblioteca". John Knox, no século 16, mudou a realidade religiosa da Escócia. Ele era um homem que agonizava em oração. Seu clamor contínuo era: "Dá-me a Escócia para Cristo, senão eu morro".

Visitando a Coreia do Sul, onde há um expressivo crescimento da igreja, perguntei aos pastores das maiores igrejas desse país: "Qual é o segredo do crescimento da igreja?" A resposta unânime foi: "Oração, oração, oração". Ao longo da História, aqueles que triunfaram nas pelejas e viram as manifestações grandiosas de Deus foram os que oraram. Foi assim com os reis Josafá e Ezequias. Foi assim com Neemias, com Jesus e com os apóstolos. Uma igreja que ora, cresce e se fortalece quando seus líderes são homens de oração.

Em segundo lugar, *Pedro e João tinham uma vida respaldada pelo exemplo*. Lucas registra o texto como segue:

> E aconteceu que um homem, aleijado de nascença, estava sendo carregado para a porta do templo chamado Formosa. Todos os dias o punham ali para pedir esmola aos que entravam. Quando viu Pedro e João, que iam entrando no templo, pediu-lhes uma esmola. Fixando nele o olhar, Pedro, acompanhado de João, disse: Olha para nós. E ele ficou olhando atentamente para eles, esperando receber alguma coisa (Atos 3:2-5).

Era estratégico colocar um mendigo na porta do templo. As pessoas que entram para adorar a Deus normalmente são mais sensíveis à necessidade do próximo. Não é possível amar a Deus a quem não vemos se não amamos o próximo a quem vemos. Eram 3 horas da tarde, e estava para começar uma reunião de oração no templo. Pedro e João estão passando, quando o paralítico pede a eles uma esmola. Pedro fitou o paralítico, junto com João, e disse-lhe: [...] *Olha para nós* (Atos 3:4). Nós ficamos chocados com isso. Dizemos: "Isso fere a nossa teologia". Nós costumamos dizer: "Não olhe para nós; olhe para Jesus. Não olhe para os crentes; olhe para Jesus". Jesus já havia alertado acerca da conduta dos fariseus: *Portanto, fazei e guardai tudo o que eles vos disserem; mas não lhes imiteis as obras, pois não praticam o que dizem* (Mateus 23:3).

Talvez você argumente: Como Pedro pôde cometer um erro desse? Há aqueles que chegam até a pensar: "Ah, Pedro não teve os nossos professores, não passou pelos nossos seminários". Mas Pedro aprendeu aos pés de Jesus. A Palavra de Deus diz que nós somos cartas de Cristo (2Coríntios 3:2). O apóstolo Paulo diz: *Sede meus imitadores, como também eu sou de Cristo* (1Coríntios 11:1). Pedro e João disseram ao paralítico: [...] *Olha para nós* (Atos 3:4). Poderíamos dizer ao mundo: "Olhe para nós"? Os pais podem dizer aos filhos: "Olhem para nós"? Podem os patrões dizer a seus empregados: "Olhem para nós"?

Stanley Jones diz que o subcristianismo é pior do que o anticristianismo. Certa feita Mahatma Gandhi disse para alguns crentes na Índia: "No vosso Cristo, eu creio; só não creio no vosso cristianismo". Hoje há um grande

PEDRO, UM HOMEM USADO POR DEUS

abismo entre o que falamos e o que fazemos; entre o discurso e a vida; entre a doutrina e a prática. Erlo Stegen, da Missão Kwa Sizabantu, na África do Sul, certa vez foi interrompido em sua prédica por uma jovem, que orou a Deus e disse: "Ó Deus, nós ouvimos como era a igreja primitiva. Será que não podes descer para estar entre nós, como fizeste há dois mil anos? Será que a igreja hoje não pode ser a mesma que foi em Jerusalém?" Uma semana depois, Deus fendeu os céus e desceu, e houve ali um poderoso reavivamento.

Em terceiro lugar, *Pedro tinha uma vida revestida com poder.*

> Então Pedro lhe disse: Não tenho prata nem ouro. Mas o que tenho, isso te dou: Em nome de Jesus Cristo, o Nazareno, anda! E, pegando-o pela mão direita, levantou-o. Iimediatamente os pés e tornozelos do homem se firmaram. E ele, dando um salto, colocou-se em pé. Então começou a andar e entrou com eles no templo, andando, saltando e louvando a Deus (Atos 3:6-8).

O mendigo pediu uma esmola, e recebeu novas pernas. Pedro não tinha prata nem ouro, mas tinha poder; hoje a igreja tem prata e ouro, mas não tem poder. O poder não está em Pedro, mas no nome de Jesus, ou seja, em sua suprema autoridade.

Pedro conhecia o poder daquele nome e não hesitou em invocá-lo. "Em nome de" designa a autoridade que está por trás do falar e agir de pessoas frágeis. O "nome" presenteia o portador com sua magnitude e seu poder, sua força e sua importância. O poder era de Cristo, mas a mão era de Pedro. O milagre da cura desse coxo era o cumprimento da profecia messiânica: *Então o coxo saltará como o cervo* [...] (Is 35:6). A legendária história de Tomás de Aquino e o papa Inocêncio II vem à mente em conexão com essa passagem. Aquino surpreendeu o papa ao visitá-lo no momento em que este estava contando uma grande quantidade de moedas de ouro e prata. Ao vê-lo, o papa disse: "Irmão, como você pode ver, não posso dizer mais como Pedro disse ao paralítico: *Não tenho ouro nem prata*". Aquino, então, lhe respondeu: "Isso é verdade. Mas também o senhor não pode mais dizer ao paralítico: 'Levanta e anda!'".

Jesus prometeu à igreja poder (Lucas 24:49). Esse poder viria por intermédio do derramamento do Espírito Santo (Atos 1:8). A igreja orou pedindo mais desse poder (Atos 4:31). O reino de Deus não consiste em palavras, mas em poder (1Coríntios 4:20). O evangelho é demonstração do Espírito Santo e de poder (1Coríntios 2:4; Colossenses 1:5).

O próprio Jesus não abriu mão desse poder. Quando foi batizado no rio Jordão, enquanto orava, os céus se abriram, e o Espírito Santo desceu sobre ele (Lucas 3:21,22). Jesus, cheio do Espírito Santo, voltou do Jordão, e foi pelo mesmo Espírito conduzido ao deserto (Lucas 4:1). No poder do Espírito, regressou para a Galileia (Lucas 4:14). Na sinagoga de Nazaré, tomou o livro do profeta Isaías e leu:

O Espírito do Senhor Deus está sobre mim, porque me ungiu para anunciar boas novas aos pobres; enviou-me para proclamar libertação aos presos e restauração da vista aos cegos, para pôr em liberdade os oprimidos e para proclamar o ano aceitável do Senhor... (Lucas 4:18,19).

O apóstolo Pedro testemunhou em Cesareia: [...]*como Deus o ungiu com o Espírito Santo e com poder. Ele andou por toda parte, fazendo o bem e curando todos os oprimidos pelo Diabo, porque Deus era com ele* (Atos 10:38).

Pedro disse ao paralítico: [...] *Olha para nós* (Atos 3:4); depois disse: [...] *o que tenho, isso te dou: Em nome de Jesus Cristo, o Nazareno, anda!* (Atos 3:6). João não recebeu poder para curar doentes. Não sabemos de nenhum milagre que ele tenha realizado. Entretanto, ele era tão cheio do Espírito como Pedro, embora seus ministérios e dons fossem diferentes. O apóstolo João não tinha o dom de curar como Pedro, mas havia experimentado o poder do Espírito para ser exemplo para os demais homens.

Em quarto lugar, *Pedro e João tinham uma vida cheia de compaixão* (Atos 3:6,7). Pedro e João possuíam compaixão, e não apenas religiosidade. Eles interromperam o exercício espiritual da oração das 3 horas da tarde para se envolverem com o paralítico à porta do templo. Não agiram como o sacerdote e o levita da parábola do bom samaritano. Há indivíduos que fecham os olhos para os necessitados porque dão mais valor ao ritual do que às pessoas. São zelosos de suas tradições religiosas, mas indiferentes às pessoas.

Pedro e João fitam os olhos no paralítico. Muitos acham melhor doar uma mísera esmola e virar o rosto. Pedro e João olham e encaram aquele mendigo. Trataram-no como gente. Pedro falou com ele. Ordenou-lhe: [...] *Olha para nós.* Colocou-se à disposição para ajudar, para ser referencial e modelo. Pedro compartilhou com ele o que possuía. Pedro tinha consciência de que havia recebido o poder do Espírito Santo e a autoridade do nome de Jesus. O poder não é usado para benefício próprio, mas para abençoar pessoas. Poder sem compaixão é autopromoção.

Em quinto lugar, *eles viram um milagre irrefutável. E todo o povo o viu andando e louvando a Deus; e reconheceu-o como o mesmo que se sentava, pedindo esmolas à porta Formosa do templo; assim, diante desse acontecimento, todos ficaram cheios de espanto e assombro* (Atos 3:9,10). O milagre da cura do coxo foi um fato público, verificável e irrefutável. O homem curado nascera coxo. Tinha mais de 40 anos. Todos os dias, era colocado na porta do templo. Portanto, era alguém conhecido de todos. Sua cura foi um testemunho irrefutável do poder de Jesus e uma prova insofismável de sua ressurreição dentre os mortos.

Três verdades podem ser aqui observadas:

Primeira, a cura foi em nome de Jesus (Atos 3:6). Pedro disse às autoridades do povo e anciãos que estavam questionando a fonte do poder que trouxe saúde ao paralítico: *Seja do conhecimento de todos vós e de todo o povo de Israel que, em nome de Jesus Cristo, o Nazareno, aquele a quem crucificastes e a quem Deus ressuscitou dentre os mortos,*

PEDRO, UM HOMEM USADO POR DEUS

sim, por meio desse nome, este homem está aqui com boa saúde diante de vós (Atos 4:10). O poder da cura está no nome de Jesus, e não em Pedro. Pedro não aceita a glória para si, mas a credita inteiramente ao nome de Jesus. O texto é claro: *Vendo isso, Pedro disse ao povo: Homens israelitas, por que vos admirais a respeito disso? Por que ficais olhando para nós, como se o tivéssemos feito andar por nosso próprio poder ou religiosidade?* (Atos 3:12).

Segunda, a cura foi realizada mediante a fé (Atos 3:16). *Pela fé no nome de Jesus, este nome deu forças a este homem que vedes e conheceis. Sim, a fé que vem por meio dele deu a este homem a saúde perfeita diante de todos vós.* A fé não é a causa do milagre, mas seu instrumento. Claramente foi a fé dos apóstolos o instrumento da cura do paralítico, pois ele estava totalmente passivo nesse processo.

Terceira, a cura foi instrumentalizada por Pedro (Atos 3:6). Pedro foi o instrumento usado por Deus para, em nome de Jesus, levantar aquele homem paralítico. Pedro tomou-o pela mão (Atos 3:7). Pedro levantou-o e aprumou-o (Atos 3:7). Pedro conduziu-o ao templo, à casa de Deus (Atos 3:8). Através de múltiplas repetições, ele andou, saltou e louvou. Lucas desenha toda a intensidade da alegria desse homem. Seu primeiro caminho o leva com o apóstolo para dentro do templo. Sua alegria não se esgota em sua felicidade, mas o impele até Deus.

Esse foi o primeiro milagre apostólico depois do Pentecostes. Serviu como abridor de portas para o testemunho do evangelho. Depois da segunda pregação de

Pedro, o número de convertidos subiu de três mil para quase cinco mil pessoas (Atos 4:4). A vida de oração de Pedro não para aí. Depois de ameaçado com os demais discípulos, foram procurar a igreja e relataram como os principais sacerdotes e os anciãos os haviam ameaçado. Quando a igreja ouviu isso, todos, unanimemente, levantaram a voz e oraram a Deus (Atos 4:13,24). Pedro e os cristãos de Jerusalém entendem que Deus é soberano e, fundamentados em sua infalível palavra, não oram pelo término da perseguição, nem mesmo pelo juízo sobre os perseguidores, mas rogam a Deus poder para testemunhar com mais ousadia a palavra e a manifestação das curas, sinais e maravilhas por intermédio do nome de Jesus (Atos 4:29,30). O resultado dessa poderosa reunião de oração é que o lugar onde estavam reunidos tremeu, todos ficaram cheios do Espírito Santo e, com intrepidez, anunciavam a palavra de Deus (Atos 4:31).

Em virtude da perseguição religiosa em Jerusalém, os crentes foram dispersos, e o diácono Filipe desceu a Samaria e ali anunciou a palavra com grande poder. As multidões atendiam, unânimes, às coisas que Filipe dizia, ouvindo-as e vendo os sinais que ele operava. Os possessos eram libertos, os paralíticos e coxos eram curados e houve grande alegria naquela cidade (Atos 8:4-8). Pedro e João são enviados pelos apóstolos a Samaria. Ao chegarem, oraram pelos samaritanos para que eles recebessem o Espírito Santo e impuseram-lhes as mãos, e eles receberam o Espírito (Atos 8:14-17).

Pedro estava na cidade de Lida, perto de Jope, quando foi chamado para ir ao cenáculo, na cidade de Jope, onde estava o corpo de Dorcas, uma mulher piedosa e notável pelas boas obras e esmolas que fazia. Ao chegar ao cenáculo, onde o corpo de Dorcas estava sendo velado, as viúvas que foram assistidas por Dorcas rodearam o apóstolo, chorando e mostrando-lhe túnicas e vestidos que Dorcas fizera enquanto estava com elas. Pedro pediu que todos se retirassem, pôs-se de joelhos, orou e, voltando-se para o corpo, disse: [...] *Tabita, levanta-te! Ela abriu os olhos e, vendo a Pedro, sentou-se. Ele lhe deu a mão, levantou-a e, chamando os santos, e as viúvas, apresentou-a viva* (Atos 9:40,41).

Esse fato tornou-se notório em toda a região. Pedro continuou em Jope por muitos dias, hospedado na casa de um homem chamado Simão, o curtidor. Foi ali que, numa reunião de oração, recebeu a visão de Deus para abrir a porta do evangelho aos gentios e em seguida recebeu emissários da casa de Cornélio, um gentio piedoso, para ir à sua casa para pregar a eles o evangelho (Atos 10:9-22). Pedro vai com eles, prega o evangelho na casa de Cornélio, as pessoas atendem à palavra, recebem o Espírito Santo e são batizadas (Atos 10:23-48).

CAPÍTULO 7

PEDRO, UM PREGADOR CHEIO DO ESPÍRITO SANTO

O apóstolo Pedro foi, sobretudo, um pregador. Foi ele quem abriu a porta do evangelho tanto para judeus como para gentios. No dia de Pentecostes, o Espírito Santo foi derramado. Como um vento impetuoso, desceu em línguas como de fogo. Todos ficaram cheios do Espírito Santo e passaram a falar em outras línguas as grandezas de Deus. O milagre do fenômeno das línguas atraiu a multidão, mas não tocou os corações. A multidão se ajuntou, mas marcada por ceticismo, preconceito e zombaria. O milagre abre portas para o evangelho, mas não é o evangelho. Os corações foram alcançados quando Pedro se levantou para pregar.

O PRIMEIRO SERMÃO DE PEDRO EM JERUSALÉM

Pedro levantou-se para pregar e pregou uma mensagem eminentemente bíblica. A primeira coisa que Pedro faz é esclarecer que aquele fenômeno extraordinário não era resultado da embriaguez, mas do cumprimento da profecia de Joel (Atos 2:14-16). Os discípulos não estavam dominados pelo vinho, mas cheios do Espírito Santo.

Pedro deixa claro que o profeta Joel havia profetizado que o Espírito seria derramado sobre toda a carne qualitativamente falando, e não quantitativamente. O derramamento do Espírito quebraria as barreiras e romperia o preconceito sexual (filhos e filhos), etário (jovens e velhos) e social (servos e servas) (Atos 2:17,18). Cinco verdades devem ser destacadas nessa pregação de Pedro:

Em primeiro lugar, *a pregação de Pedro foi cristocêntrica na sua essência*. A mensagem de Pedro versou sobre a pessoa e a obra de Cristo. Cinco pontos podem ser identificados no sermão de Pedro.

A vida de Cristo (Atos 2:22). Pedro mostra que Jesus foi aprovado por Deus, viveu de forma extraordinária e realizou milagres portentosos. Sua vida e sua obra eram realidades conhecidas por todos.

A morte de Cristo (Atos 2:23). A cruz não foi um acidente, mas parte do plano eterno de Deus (Atos 3:18; 4:28; 13:29). Isso não significa que Jesus buscou a morte, ou que o Pai desejou que os homens crucificassem Jesus, e sim que, ao fazer a escolha para redimir os pecadores, foi previsto quanto isso custaria. A cruz não foi uma derrota para Jesus, mas a sua exaltação. Jesus marchou para a cruz como um rei para a sua coroação. Foi na cruz que Jesus conquistou para nós redenção e desbaratou o inferno. Cristo não foi para a cruz porque Judas o traiu, porque os judeus o entregaram, porque Pilatos o sentenciou e porque os soldados o crucificaram. Ele foi para a cruz porque Deus o entregou por amor a nós. Ele foi para a cruz porque voluntariamente se ofereceu como sacrifício pelo nosso pecado. Foi na cruz que Deus provou da forma mais eloquente seu amor por nós e seu repúdio ao pecado. Na cruz de Cristo, a paz e a justiça se beijaram.

A ressurreição de Cristo (Atos 2:24-32). Pedro cita a profecia de Davi para evidenciar a realidade insofismável da ressurreição de Jesus. Pedro confirma a ressurreição de Cristo fundamentado em Salmos 16:8-11. Davi não poderia estar falando de si mesmo quando disse que Deus não o deixaria na morte nem permitiria que o seu Santo visse corrupção (Atos 2:27), pois Davi morreu e foi sepultado, e seu túmulo ainda está em Jerusalém (Atos 2:29). Obviamente, Davi estava se referindo ao seu descendente, ou seja, estava se referindo à ressurreição de Cristo (Atos 2:30,31). Pedro deu quatro provas da ressurreição de Cristo: 1) a primeira prova foi a pessoa de Jesus Cristo (Atos 2:22-24); 2) a segunda prova foi a profecia de Davi (Atos 2:25-31); 3) a terceira prova foi o testemunho dos cristãos (Atos 2:33); 4) a quarta prova foi a presença do Espírito Santo (Atos 2:33-35).

A exaltação de Cristo (Atos 2:33-35). Ao consumar sua obra aqui no mundo, Jesus ressuscitou em glória e comissionou seus discípulos a pregar o evangelho em todo o mundo, a cada criatura. Depois, voltou para o céu, entrou na glória, foi recebido apoteoticamente pelos anjos, e assentou-se à destra do Pai, para governar a igreja, interceder por ela e

PEDRO, UM PREGADOR CHEIO DO ESPÍRITO SANTO

revesti-la com o poder do seu Espírito. Jesus reina. Ele está no trono do universo e vai voltar gloriosamente.

O senhorio de Cristo (Atos 2:36). Jesus é o Senhor do universo, da História e da Igreja. Diante dele todo joelho deve se dobrar nos céus, na terra e debaixo da terra. Ele reina, e todas as coisas estão debaixo dos seus pés. O Espírito Santo veio para exaltar Jesus e apontar para ele. O ministério do Espírito Santo é o ministério de holofote, ou seja, de exaltação a Jesus (João 16:13,14). O Espírito não lança luz sobre si mesmo. Ele não fala de si mesmo. Ele não exalta a si mesmo. Ele projeta sua luz na direção de Jesus para o exaltar.

Em segundo lugar, *a pregação de Pedro foi eficaz quanto ao seu propósito* (Atos 2:37). A pregação de Pedro explodiu como dinamite no coração da multidão. Produziu uma compulsão na alma. Foi um sermão impactante. O termo grego *akousantes* significa ferir, dar uma forte ferroada. Era usado para descrever emoções dolorosas, que penetram o coração como um aguilhão. Pedro não pregou para agradar nem para entreter. Ele foi direto ao ponto. Pôs o dedo na ferida. Não pregou diante do auditório, mas ao auditório. Pedro disse ao povo que, embora a cruz tivesse sido planejada por Deus desde a eternidade, eles eram responsáveis pela morte de Cristo. O apóstolo sentenciou: [...] *vós o matastes, crucificando-o pelas mãos de iníquos* (Atos 2:23). A pregação precisa ser direta, confrontadora. Ela precisa gerar a agonia do arrependimento. A pregação de Pedro produziu profunda convicção de pecado na multidão. Hoje há pouca convicção de pecado na igreja. Estamos insensíveis demais, com os olhos enxutos demais, com o coração duro demais.

Em terceiro lugar, *a pregação de Pedro foi clara em suas exigências* (Atos 2:38). Antes de falar de perdão, Pedro falou de culpa. Antes de falar da cura, ele revelou à multidão a sua doença. Antes de falar de redenção, falou de pecado. Antes de falar de salvação, mostrou que eles estavam perdidos em seus pecados. Antes de pregar o evangelho, mostrou-lhes a lei. Não há salvação sem arrependimento. Ninguém entra no céu sem antes saber que é um pecador. Pedro se dirigiu a um grupo extremamente religioso, pois todo aquele povo tinha ido a Jerusalém para uma festa religiosa; mas, a despeito dessa religiosidade, precisava se arrepender para ser salvo. Hoje a pregação do arrependimento está desaparecendo dos púlpitos. Precisamos nos arrepender da nossa falta de arrependimento. O brado de Deus que emana das Escrituras ainda é: Arrependei-vos! Essa foi a ênfase de João Batista, de Jesus e dos apóstolos. Temos visto hoje uma mudança desastrosa na pregação. Tem-se pregado muito sobre libertação e quase nada sobre arrependimento. Os pregadores berram dos púlpitos, dizendo que as pessoas estão com encosto, mau olhado e espíritos malignos. Dizem que elas precisam ser libertas. Mas essa pregação é incompleta, pois, ainda que as pessoas de fato estejam possessas e sejam libertas dessa possessão, o seu problema não está de todo resolvido, pois a Bíblia diz que todos pecaram e carecem da glória de

PEDRO, UM PREGADOR CHEIO DO ESPÍRITO SANTO

Deus. O homem é culpado diante de Deus, por isso precisa arrepender-se. O homem precisa colocar a boca no pó e depor as suas armas. Sem arrependimento, o mais virtuoso dos homens não pode ser salvo. O pecado não é tanto uma questão do que fazemos, mas de quem somos. O homem não é pecador porque peca; ele peca porque é pecador. Nossa natureza é pecaminosa. Nosso coração não é bom como pensava Jean-Jacques Rousseau, mas corrupto; não é neutro como pensava John Locke, mas inclinado para o mal.

Em quarto lugar, *a pregação de Pedro foi específica quanto à promessa* (Atos 2:38-40). Duas promessas são feitas ao arrependido: uma ligada ao passado e outra, ao futuro: remissão de pecados e dom do Espírito Santo. Depois que somos salvos, então podemos ser cheios do Espírito. Primeiro o povo se volta para Deus de todo o coração, com choro, jejuns, rasgando o coração; depois o Espírito é derramado.

Em quinto lugar, *a pregação de Pedro foi vitoriosa quanto aos resultados* (Atos 2:41). Quando há poder na pregação, vidas são salvas. A pregação de Pedro não apenas produziu conversões abundantes, mas também frutos permanentes. Eles não somente nasceram, mas também cresceram na graça de Jesus (Atos 2:42-47). Ao serem convertidas, as pessoas foram batizadas, integraram-se na igreja e perseveraram. Criaram raízes. Amadureceram. Fizeram outros discípulos, e a igreja tornou-se irresistível.

O SEGUNDO SERMÃO DE PEDRO EM JERUSALÉM

A história de um milagre, a cura do paralítico na porta do templo de Jerusalém, é seguida por um discurso explicativo de Pedro. O ponto principal dessa história é que o nome de Jesus continua com poder para operar os mesmos graciosos milagres de cura que, nos Evangelhos, eram sinais da chegada do reino de Deus.

O apóstolo Pedro aproveitou a oportunidade para pregar. Da mesma forma que o incidente portentoso do Pentecostes serviu de tema para o seu primeiro sermão, a cura do coxo tornou-se o pretexto para o segundo (Atos 3:11-26). No primeiro sermão, cerca de três mil pessoas foram convertidas (Atos 2:41). Nesse segundo sermão, mais duas mil pessoas aceitaram a Palavra, subindo o número de discípulos para cinco mil (Atos 4:4).

O crescimento da igreja está diretamente ligado à pregação fiel da Palavra. A pregação é o principal instrumento para produzir o crescimento saudável da igreja. O aspecto mais notável no segundo sermão de Pedro, tal como do primeiro, é o seu fator cristocêntrico. Ele desviou os olhos da multidão do coxo curado e dos apóstolos e os fixou em Cristo, a quem os homens haviam rejeitado, matando-o, mas a quem Deus vindicou, ressuscitando-o dentre os mortos.

Vamos, aqui, destacar dez pontos importantes:

Em primeiro lugar, *um público atônito. Apegando-se o homem a Pedro e João, todo o povo correu perplexo para junto deles, ao chamado pórtico de Salomão* (Atos 3:11). O pórtico de Salomão ficava do lado leste do templo e era um corredor

PEDRO, UM PREGADOR CHEIO DO ESPÍRITO SANTO

onde Jesus havia ministrado (João 10:23) e onde a igreja se reunia para adorar (Atos 5:12). A beleza desse portão contrastava com a miséria desse mendigo. Sua cura foi um milagre extraordinário. Como já escrevemos, o milagre não é o evangelho, mas abre portas para a pregação do evangelho. O milagre não abriu o coração do povo para aceitar a Palavra, mas ajuntou o povo, oportunizando a Pedro pregar a Palavra. O povo estava atônito porque o milagre da cura do coxo era um fato público, verificável e incontroverso.

Em segundo lugar, *um pregador fiel. Vendo isso, Pedro disse ao povo: Homens israelitas, por que vos admirais a respeito disso? Por que ficais olhando para nós, como se o tivéssemos feito andar por nosso próprio poder ou religiosidade?* (Atos 3:12). O povo ajuntou para ver o milagre e estava inclinado a atribuir a Pedro e João os méritos daquele prodígio. Pedro corrige a multidão e não aceita glória para si mesmo. Pedro era um pregador fiel. O poder para curar não estava nele, mas no nome de Jesus, o Nazareno. A glória não pertencia a Pedro e João, mas unicamente ao Senhor Jesus. Um homem como Simão de Samaria dizia de si mesmo que era um grande milagreiro e gostava de ser chamado *Grande Poder* (Atos 8:9-11). Pedro e João, porém, rejeitaram essa atitude de forma decidida. Aqueles que hoje fazem propaganda de pretensos milagres, como se fossem homens poderosos, estão na contramão do ensino bíblico. Aqueles que acendem holofotes sobre si mesmos e buscam glória para si mesmos estão em total desacordo com o ensino das Escrituras.

Em terceiro lugar, *uma conexão necessária*. *O Deus de Abraão, de Isaque e de Jacó, o Deus de nossos pais, glorificou seu Servo Jesus* [...] (Atos 3:13). A ação divina operada na vida daquele coxo não era alguma coisa nova, inédita, estranha ao legado que o povo já havia recebido. Não há descontinuidade entre o Antigo e o Novo Testamentos. O mesmo Deus dos patriarcas que operou maravilhas no passado é quem está agindo agora, e isso por intermédio de Jesus, seu santo servo. Há uma conexão profunda entre o passado e o presente. O Deus que fez é o mesmo que faz hoje. Ele é o mesmo ontem, hoje e sempre. O cristianismo não é uma nova religião. A mensagem dos cristãos trata do *Deus de Abraão, de Isaque e de Jacó, o Deus de nossos pais*. Esse Deus é *quem glorificou seu Servo Jesus*. Logo, a história de Jesus é a obra desse único Deus vivo, que é o Deus dos patriarcas. Pedro usou vários nomes e títulos diferentes para descrever Jesus, como: Jesus Cristo, o Nazareno (Atos 3:6), servo (Atos 3:13), santo e justo (Atos 3:14), o autor da vida (Atos 3:15), o Profeta prometido por Moisés (Atos 3:22), a pedra rejeitada que se tornou a pedra angular (Atos 4:11).

Em quarto lugar, *uma acusação solene*.

[...] a quem entregastes e, diante de Pilatos, negastes, quando este havia resolvido soltá-lo. Mas vós negastes o Santo e Justo, e pedistes que um homicida fosse libertado. Matastes o Autor da vida, a quem Deus ressuscitou dentre os mortos, e somos testemunhas disso (Atos 3:13-15).

A mensagem de Pedro foi cortante como uma espada. Ele não pregou diante de um auditório; ele fuzilou seus ouvintes com palavras contundentes. Acusou-os de trair e negar Jesus perante o governador romano. Acusou-os de negar o santo e justo e preferir Barrabás, um homicida, a Jesus, o Filho de Deus. Acusou-os de matar o autor da vida, a quem Deus ressuscitou dentre os mortos. O agir de Deus e o de Israel se contrapõem lance por lance: Deus glorifica Jesus — eles o entregam. Deus coloca o santo e justo no meio deles — eles o negam e em troca pedem a absolvição de um homicida. Deus lhes concede o autor da vida — eles o matam. Eles matam Jesus — porém Deus o ressuscita dentre os mortos. Pedro não poupa seus ouvintes; antes mostra-lhes sua culpa extrema.

Pedro não pregou para agradar seu auditório, mas para levá-lo ao arrependimento. Pedro não era um arauto da conveniência, mas um embaixador de Deus. Sua intenção não era arrancar aplauso dos homens, mas acicatá-los com o aguilhão da verdade.

O Calvário pode ter sido a última palavra do ser humano, mas o sepulcro vazio foi a última palavra de Deus. Ele glorificou seu Filho, ressuscitando-o dentre os mortos e levando-o de volta para o céu. O Cristo entronizado havia enviado seu Espírito Santo e operava no mundo por meio da igreja. O mendigo curado era prova de que Jesus estava vivo.

Em quinto lugar, *um testemunho inequívoco. Pela fé em o nome de Jesus, é este nome deu forças a este homem que vedes e conheceis. Sim, a fé que vem por meio dele deu a este homem saúde perfeita na presença de todos vós* (Atos 3:16). Pedro não era a fonte do poder que trouxe cura ao coxo. Ele não aceitou nenhum louvor dos homens pelo milagre ocorrido. Ele tinha plena consciência de que aquele milagre público e verificável fora operado por Jesus, mediante a fé. Não há homens poderosos; há homens cheios do Espírito, usados pelo Deus Todo-poderoso. O homem não é o agente da ação divina; é apenas o instrumento. O Jesus exaltado é quem realiza os milagres na vida da igreja, pelo poder do Espírito Santo, por intermédio de seus servos. Ninguém ousaria negar o milagre, pois o mendigo estava lá, diante de todos, em *saúde perfeita* (3:16; 4:14). Se aceitassem o milagre, teriam de reconhecer que Jesus Cristo é, verdadeiramente, o Filho de Deus e que seu nome tem poder.

Em sexto lugar, *um atenuante necessário. Agora, irmãos, eu sei que o fizestes por ignorância, como também as vossas autoridades* (Atos 3:17). Depois da penetrante acusação de assassinato (Atos 3:15), Pedro agora adota um tom gentil. Depois de fazer uma severa acusação aos judeus e suas autoridades por terem traído, negado e matado Jesus, o autor da vida, Pedro atenua-lhes a culpa, dizendo que o fizeram por ignorância. De igual modo, Jesus quando estava pregado no leito vertical da morte, suspenso na cruz entre a terra e o céu, sofrendo dores alucinantes e cravejado pela zombaria da multidão sedenta de sangue, ora: [...] *Pai, perdoa-lhes, porque não sabem o que fazem* [...] (Lucas 23:34). Nessa mesma linha, o apóstolo Paulo escreveu:

PEDRO, UM PREGADOR CHEIO DO ESPÍRITO SANTO

Mas falamos do mistério da sabedoria de Deus, que esteve oculto, o qual Deus preordenou antes dos séculos para nossa glória. Nenhum dos governantes desta era compreendeu essa sabedoria, pois se a tivessem compreendido, não teriam crucificado o Senhor da glória (1Coríntios 2:7,8).

Mais tarde, o próprio Paulo dá seu testemunho: *Apesar de eu ter sido blasfemo, perseguidor e arrogante. Ele, porém, me concedeu misericórdia, pois o que fiz se devia à ignorância e à incredulidade* (1Timóteo 1:13).

Em sétimo lugar, *um propósito cumprido. Mas Deus cumpriu o que antes havia anunciado pela boca de todos os seus profetas: que o seu Cristo iria sofrer* (Atos 3:18). A maldade dos homens não anula os propósitos divinos, nem a soberania de Deus isenta os homens de sua responsabilidade. O fato de todos os profetas terem anunciado que o Cristo de Deus haveria de padecer não inocentou os judeus de terem traído, negado e matado Jesus. Os planos de Deus não podem ser frustrados (Jó 42:2).

Em oitavo lugar, *uma exigência clara. Arrependei-vos, pois, e convertei-vos para que os vossos pecados sejam apagados* (Atos 3:19). Pedro endereçou esse sermão a um povo religioso, e não a um povo pagão; a um público que acreditava na lei de Deus e observava atentamente seus rituais sagrados. Contudo, a religiosidade deles não era suficiente para salvá-los. Precisavam arrepender-se e converter-se. O significado de *arrependei-vos* (Atos 2:38) é esclarecido pelo acréscimo de *convertei-vos*. Este verbo significa o ato de voltar-se do modo de vida antigo, especialmente da adoração dos ídolos, para um novo modo de vida, baseado na fé e na obediência a Deus (Atos 9:35; 11:21; 14:15; 15:19; 26:18,20; 28:27).

O cancelamento dos pecados é resultado do arrependimento e da conversão. Ninguém nasce salvo. Todos nascem como filhos da ira. Todos precisam de arrependimento e conversão. Arrepender-se e viver, ou não se arrepender e morrer. Sem novo nascimento, ninguém pode entrar no reino de Deus (João 3:3,5). Em seu sermão anterior (Atos 2:14-41), Pedro havia explicado que a cruz era o lugar de intersecção da soberania divina com a responsabilidade humana (Atos 2:23). Nesse segundo sermão, repete a mesma verdade (3:17,18).

O arrependimento e a conversão são temas ausentes de muitos púlpitos hoje. Muitos pregam para entreter o povo, em vez de levá-lo ao arrependimento. Outros pregam salvação sem necessidade de arrependimento e conversão. A pregação apostólica é categórica: não há remissão de Deus sem arrependimento e conversão.

Em nono lugar, *uma promessa bendita*. O apóstolo Pedro proclama:

De modo que da presença do Senhor vieram tempos de refrigério, e ele envie o Cristo, que já vos foi predeterminado, Jesus. É necessário que o céu receba até o tempo da restauração de todas

PEDRO, UM PREGADOR CHEIO DO ESPÍRITO SANTO

as coisas, sobre as quais Deus falou pela boca dos seus santos profetas, desde o princípio. Pois Moisés disse: O Senhor, vosso Deus, levantará dentre vossos irmãos um profeta semelhante a mim; a ele ouvireis em tudo quanto vos disser. E acontecerá que toda pessoa que não ouvir esse profeta será exterminada dentre o povo. E todos os profetas que falaram desde Samuel, e os que o sucederam, também anunciaram estes dias (Atos 3:20-24).

O apóstolo Pedro, depois de exigir arrependimento e conversão e prometer o cancelamento dos pecados, agora, fundamentado no que disseram os santos profetas de Deus, anuncia os tempos de refrigério e restauração de todas as coisas. A palavra grega que significa "refrigério" aparece somente aqui no Novo Testamento, e somente uma vez na Septuaginta (Êxodo 8:11). Ela é usada de forma figurada para falar da época messiânica. É a grande época de alegria e repouso, que se entende que seria trazida pela vinda do Messias na sua glória. Essa restauração vem unicamente por meio de Jesus, o profeta semelhante a Moisés, anunciado por todos os profetas desde Samuel, o descendente de Abraão. A recusa, porém, em ouvir Cristo redunda em condenação irremediável (Hebreus 2:2-4; 10:28,29).

Em décimo lugar, *uma aplicação pertinente*.

Vós sois os filhos dos profetas e da aliança que Deus fez com vossos pais, dizendo a Abraão:

Por meio de tua descendência todas as famílias da terra serão abençoadas. Deus ressuscitou seu Servo e enviou-o a vós, primeiramente para que vos abençoasse, desviando cada um de vós das vossas maldades (Atos 3:25,26).

Pedro conclui seu sermão fazendo uma aplicação pessoal, oportuna e poderosa, mostrando que seus ouvintes eram os filhos dos profetas e da aliança que Deus estabelecera com Abraão. Por meio de Jesus, o descendente de Abraão, todas as nações da terra seriam abençoadas. O Cristo ressurreto está, agora, por meio da pregação apostólica, abrindo a esse povo da aliança os portais da bênção, mas essa bênção só pode ser recebida pelo rompimento definitivo com as perversidades. Não há promessa de salvação onde não há a realidade do arrependimento. O resultado desse sermão foi extraordinário. Muitos dos que ouviram a Palavra a aceitaram, subindo o número de homens a quase cinco mil (Atos 4:4).

O terceiro sermão de Pedro

Os apóstolos estão sendo arguidos pelas autoridades judaicas acerca da cura do paralítico na porta do templo. Querem saber com que poder ou em nome de quem fizeram esse prodígio (Atos 4:5-7). Pedro responde com firme coragem, aproveitando o ensejo para pregar seu

PEDRO, UM PREGADOR CHEIO DO ESPÍRITO SANTO

terceiro sermão depois do Pentecostes. Lucas registra a resposta de Pedro, com as seguintes palavras:

> Então Pedro, cheio do Espírito Santo, lhes disse: Autoridades do povo e vós, líderes religiosos, se hoje somos questionados acerca do benefício feito a um doente, e pelo modo como foi curado, seja do conhecimento de todos vós e de todo o povo de Israel que, em nome de Jesus Cristo, o Nazareno, aquele a quem crucificastes e a quem Deus ressuscitou dentre os mortos, sim, por meio desse nome, este homem está aqui com boa saúde diante de vós. Este Jesus é a pedra rejeitada por vós, os construtores, a qual foi colocada como pedra angular. E não há salvação em nenhum outro, pois debaixo do céu não há outro nome entre os homens pelo qual devamos ser salvos (Atos 4:8-12).

Pedro falou diante de uma audiência composta pelos homens mais ricos, mais intelectuais e mais poderosos do país; não obstante, Pedro, o pescador da Galileia esteve entre eles mais como um juiz do que como uma vítima. Aquele era o mesmo tribunal que meses antes havia sentenciado Jesus à morte. Os apóstolos sabiam que poderiam receber a mesma sentença. Eles, porém, não se intimidaram. A igreja não pode obedecer a ordens no sentido de renunciar à sua atividade mais característica, o testemunho do Senhor ressurreto, embora deva pagar o preço da sua recusa do silêncio.

Ao serem interpelados pelas autoridades (Atos 3:7-10), Pedro não atribui o milagre ao próprio poder nem se preocupa com a sua pele, com ameaças, com a morte. Ele não aproveita o momento para se promover nem para dizer que era um homem poderoso. Não atribui nenhuma glória a si mesmo pelo milagre, mas dá todo o crédito a Jesus Cristo, o Nazareno. Ele exalta Jesus (Atos 3:10). O que o Inimigo mais deseja é que façamos o contrário. Nas horas de sofrimento, a primeira pergunta não é: O que fazer para ficar livre do sofrimento? A pergunta é: O que fazer para que nessa situação de dor o nome do Senhor seja glorificado? O propósito último da nossa vida é glorificar Deus!

Pedro aproveita o ensejo para acusar seus interrogadores, culpando-os de terem crucificado Jesus, ao mesmo tempo que proclama a ação de Deus, ao ressuscitá-lo dentre os mortos. A defesa se transforma em anúncio direto, o réu se torna uma clara testemunha, o acusado passa a ser um acusador sério. Essa é a terceira vez em que Pedro usa essa fórmula vívida: *aquele a quem crucificastes e a quem Deus ressuscitou* (Atos 2:23,24; 3:15; 4:10). O apóstolo deixa meridianamente claro que Jesus é a pedra angular que os judeus rejeitaram e o único Salvador debaixo do céu que pode dar ao homem a vida eterna. Justamente os "construtores", os responsáveis pela construção de Israel, haviam desprezado a pedra Jesus como imprestável.

PEDRO, UM PREGADOR CHEIO DO ESPÍRITO SANTO

Deus, porém, transformou preciosamente essa pedra em *pedra angular*. Jesus é a pedra fundamental que sustenta o edifício da igreja (Efésios 2:20; 1Coríntios 3:11). Ele é a pedra final, que dá sustentação a toda a abóboda. Jesus, rejeitado pelos especialistas eclesiásticos e teológicos, foi transformado por Deus em pedra angular.

Pedro passa da cura para a salvação, do particular para o geral. Ele vê a cura física de um homem como uma ilustração da salvação que é oferecida a todos em Cristo. Os dois negativos (*nenhum outro* e *nenhum outro nome*) proclamam a singularidade positiva do nome de Jesus. A sua morte e ressurreição, sua exaltação e autoridade fazem dele o único Salvador, já que nenhum outro possui tais qualificações.

O QUARTO SERMÃO DE PEDRO

Depois da ressurreição de Dorcas, Pedro continuou em Jope, cidade costeira, às margens do mar Mediterrâneo. Ali hospedou-se na casa de Simão, o curtidor (Atos 10:34,35). Deus estava preparando o caminho do evangelho para os gentios, colocando Pedro na casa desse homem, pois ele lidava com peles de animais. E todo indivíduo que tocava em um animal morto ficava impuro. Um judeu jamais aceitaria ficar na casa de um curtidor. Deus já estava levando Pedro a quebrar seus preconceitos e tabus.

No terraço da casa de Simão, Pedro teve uma visão de um lençol descendo do céu com toda espécie de animais impuros e a ordem era: [...] *Levanta-te, Pedro, mata e come* (Atos 10:13). Pedro resistiu à visão que recebeu. Ele se contradisse, quando afirmou: [...] *De modo nenhum, Senhor* [...] (Atos 10:14). A resistência não foi de Cornélio ouvir o evangelho, mas de Pedro em ir à casa de um gentio pregar o evangelho. É possível dizer "não" e é possível dizer "Senhor", mas não se pode dizer "não, Senhor". Se Jesus é, verdadeiramente, Senhor, só podemos dizer "sim" a ele e obedecer a suas ordens.

O evangelho da paz não faz distinção entre judeu e gentio, homem e mulher, doutor e analfabeto, religioso e ateu. O evangelho quebra muralhas, despedaça grilhões, rompe tabus, quebra preconceitos e faz da igreja um único povo, um único rebanho, uma única família. Não importa a cor da sua pele, a sua tradição religiosa, o sobrenome da sua família; o evangelho é destinado a todos. A lição que Deus ensina a Pedro nessa visão dos animais limpos e impuros é que ele removeu as barreiras que uma vez erigira para separar seu povo das nações circunvizinhas. A barreira entre o judeu cristão e o samaritano cristão havia sido retirada quando Pedro e João foram a Samaria a fim de aceitar os crentes samaritanos como membros plenos da igreja. Agora era chegada a hora de estender o mesmo privilégio aos crentes gentios. Não foi o homem, mas Deus, quem removeu a barreira que separava o judeu do gentio. Deus instrui Pedro a aceitar os crentes gentios no seio da igreja cristã. Deus, e não Pedro, abre as portas

PEDRO, UM PREGADOR CHEIO DO ESPÍRITO SANTO

do céu aos gentios. O próprio Deus inaugura para Pedro uma nova fase do ministério do evangelho (Atos 11:18).

Um anjo do Senhor falou do céu a Cornélio e lhe deu ordens da parte de Deus, mas não lhe pregou o evangelho (Atos 10:4,5). Cornélio precisou enviar mensageiros ao apóstolo Pedro, na cidade de Jope, a cinquenta quilômetros de Cesareia, a fim de que viesse pregar o evangelho a ele e sua família. Qual foi o conteúdo da pregação de Pedro na casa de Cornélio? O evangelho está centrado na pessoa e na obra de Cristo Jesus (Atos 10:36-43). Pedro vai à casa de Cornélio e prega o evangelho da paz para ele e sua casa. O conteúdo do evangelho pregado por Pedro tem alguns destaques:

O evangelho está centrado na vida e nas obras portentosas de Cristo (Atos 10:38). Deus ungiu Jesus de Nazaré com o Espírito Santo e poder para fazer o bem e curar todos os oprimidos do diabo. Jesus libertou os cativos, curou os enfermos e libertou os atormentados. Ele perdoou pecados, curou os cegos, limpou os leprosos e ressuscitou os mortos. Aonde Jesus chegava, chegava a esperança e a vida. Onde Jesus está, reina a vida, e não a morte. Onde Jesus está, os grilhões são despedaçados.

O evangelho está centrado na morte de Cristo (Atos 10:39). A morte de Cristo é a nossa carta de alforria. Ele morreu não como um mártir, mas como nosso substituto. Sua morte foi em nosso lugar e em nosso favor. Ele morreu para que pudéssemos viver. Temos vida pela sua morte.

O evangelho está centrado na ressurreição de Cristo (Atos 10:40,41). Deus ressuscitou Jesus dentre os mortos. Ele rompeu as cadeias da morte. Ele abriu o túmulo de dentro para fora. Ele venceu o pecado, a morte e o diabo. Ele, agora, tem as chaves da morte e do inferno. Ele tirou o aguilhão da morte. A morte não tem mais a última palavra.

O evangelho está centrado no senhorio de Cristo (Atos 10:36,42). Jesus é o Senhor de todos (Atos 10:36) e o juiz de vivos e de mortos (Atos 10:42). Todos terão que comparecer perante ele para prestar contas da sua vida. Todo joelho terá que se dobrar, e toda língua terá que confessar que Jesus Cristo é Senhor, para a glória de Deus Pai.

O evangelho oferece remissão de pecados para todo que crê (Atos 10:43). A remissão de pecados, o perdão dos pecados, a salvação, a vida eterna não são alcançados pelas obras nem pela religião, mas por crer em Cristo. Quem crê tem a vida eterna (João 6:47). O que crê em Jesus não perece, mas tem a vida eterna (João 3:16). Concordo com Matthew Henry quando diz que Deus nunca justificou e salvou nem justificará e salvará um judeu ímpio que viveu e morreu impenitente, mesmo que fosse da descendência de Abraão (Romanos 9:7) e hebreu de hebreus (Filipenses 3:5), e tivesse todas as honras e vantagens pertinentes à circuncisão. Ele retribuirá indignação e ira, tribulação e angústia sobre toda alma do homem que faz o mal, primeiramente do judeu, cujos privilégios e religião, em vez de protegê-lo do juízo

PEDRO, UM PREGADOR CHEIO DO ESPÍRITO SANTO   117

de Deus, agravam-lhe a culpa e a condenação (Romanos 2,3,8,9,17). Ao mesmo tempo, Deus nunca rejeitou ou recusou nem nunca rejeitará ou recusará um gentio justo que, mesmo não tendo os privilégios e vantagens de que os judeus dispõem, como Cornélio, teme a Deus, adora-o e faz o que é justo (Atos 10:35). Deus julga os homens pelo coração, e não por sua nacionalidade ou ascendência.

Aqueles que recebem o evangelho, recebem o Espírito Santo e devem ser integrados na igreja (Atos 10:44-48). Os gentios creram, foram batizados com o Espírito Santo, e imediatamente foram também batizados com água e integrados na igreja. Todo que crê deve integrar-se na igreja de Deus por meio da pública profissão de fé e do batismo. Jesus disse: *Quem crer e for batizado será salvo* [...] (Marcos 16:16). O batismo é o selo de que alguém pertence à Igreja de Cristo Jesus. Todos na casa de Cornélio ansiavam de coração por esse lacre claro e público. O batismo é ao mesmo tempo também ação do próprio Jesus, por meio da qual ele acolhe pessoas como sua propriedade, certificando-as de que participam de sua morte e ressurreição. Por meio do batismo, os crentes passam a pertencer a Jesus, e Jesus passa a pertencer a eles. A água do batismo é um símbolo do Espírito Santo. Não se pode negar o sinal aos que receberam a coisa significada. Esses a quem Deus concedeu graciosamente o concerto têm o direito claro aos selos do concerto.

CAPÍTULO 8

PEDRO, UM DEFENSOR DO EVANGELHO

As reverberações do ministério de Pedro em Cesareia chegaram a Jerusalém. A notícia da conversão dos gentios mexeu com a igreja judaica. Tanto os apóstolos como os demais irmãos da igreja em Jerusalém foram impactados por essa informação.

PEDRO DEFENDE O EVANGELHO EM JERUSALÉM

Logo que Pedro retornou à sua base, em Jerusalém, os membros da igreja que eram do grupo da circuncisão o interpelaram (Atos 11:1-3). O problema deles não era tanto o evangelho, mas a cultura. Não estavam chocados pelo fato de Cornélio e sua casa terem recebido a Palavra de Deus, nem mesmo pelo fato de eles terem recebido o Espírito Santo, mas pelo fato de Pedro ter entrado na casa de um gentio e comido com ele. As barreiras culturais estavam ainda muito altas na mente desses crentes judeus. Um judeu conservador não podia conversar com

PEDRO, UM DEFENSOR DO EVANGELHO

um gentio. Apenas se concebia que um judeu entrasse na casa de um gentio por algum motivo prático, mas era totalmente incrível que se sentasse para comer com ele.

Vamos destacar aqui alguns pontos importantes:

Uma notícia alvissareira (Atos 11:1). A notícia da conversão dos gentios sai de Cesareia e chega a Jerusalém. Os apóstolos e os irmãos da igreja-mãe são informados de como Cornélio e sua casa aceitaram a Palavra de Deus. Nessa informação, certamente há um misto de alegria e também de preocupação, pois é a primeira vez que um grupo de gentios está sendo salvo e recebendo o Espírito Santo.

Um interrogatório minucioso (Atos 11:2,3). Alguns membros da igreja de Jerusalém, membros do partido da circuncisão, arguiram Pedro acerca de sua atitude de ter entrado na casa de um gentio e comido com ele. Esses judeus não ficaram escandalizados com Pedro pelo fato de ter pregado o evangelho aos gentios, nem mesmo de ter recebido esses gentios conversos à fé cristã, mas ficaram perplexos pelo fato de Pedro ter tido comunhão com esses gentios, a ponto de entrar na casa deles e ter comido com eles. A barreira cultural erguia-se como uma muralha intransponível na mente desses judeus crentes.

Uma exposição detalhada (Atos 11:4-17). Diante do interrogatório dos membros do partido da circuncisão, Pedro faz uma exposição detalhada de sua experiência. Ao se defender em Atos 11, ele apresentou três evidências: a visão divina (Atos 11:5-11), o testemunho do

Espírito (Atos 11:12-15,17) e o testemunho da Palavra (Atos 11:16). Pedro precisou de quatro bordoadas de revelação divina antes que seu preconceito racial e religioso fosse vencido: a visão divina, a ordem divina, a preparação divina e a ação divina.

Primeiro, a visão divina (Atos 11:5-10). Deus já estava preparando Pedro para romper seus preconceitos e escrúpulos judaicos. Ele estava em Jope hospedado na casa de Simão, o curtidor (Atos 9:43). Uma pessoa que trabalhava com couro e lidava com animais mortos era considerada impura, e a rigor Pedro não poderia ficar em sua casa. Ainda mais, é no alpendre dessa casa que Pedro tem a visão do lençol que desce do céu com animais imundos. Essa visão tinha como propósito desarmar Pedro de seus escrúpulos judaicos. Tinha como objetivo romper a barreira cultural. O evangelho rompe barreiras e preconceitos. Deus falou com Pedro, por meio da visão, três vezes e ordenou-lhe expressamente não considerar imundo o que Deus havia purificado. Pedro, então, entendeu que os animais puros e imundos (uma distinção abolida por Jesus) simbolizavam pessoas puras e impuras, circuncisas e incircuncisas. O lençol é a igreja, que irá conter todas as raças e classes, sem distinção alguma.

Segundo, a ordem divina (Atos 11:11,12). O mesmo Deus que trabalhou no coração de Cornélio em Cesareia estava trabalhando no coração de Pedro em Jope. Quando Pedro acabou de ter a visão, os mensageiros de Cornélio já estavam à porta da casa onde ele estava hospedado. Nesse

PEDRO, UM DEFENSOR DO EVANGELHO

momento, o Espírito Santo ordenou que Pedro fosse com eles à casa de Cornélio, sem hesitação ou distinção. Pedro não podia mais resistir. A pregação do evangelho aos gentios era uma ordenança divina. Essa ordem não era para ser questionada nem adiada, mas obedecida imediatamente. Pedro ainda toma o cuidado de levar consigo seis judeus que estavam com ele em Jope para testemunharem os acontecimentos na casa de Cornélio. Isso é significativo, porque, segundo o costume da época, eram necessárias sete pessoas para provarem completamente um fato, e na lei romana eram necessários sete selos para autenticar um documento realmente importante, como um testamento.

Terceiro, a preparação divina (Atos 11:13,14). O Senhor disse a Cornélio, em Cesareia, que mandasse buscar Pedro em Jope e disse a Pedro, em Jope, que fosse à casa de Cornélio, em Cesareia, sincronizando perfeitamente os dois acontecimentos. Ao chegarem à casa de Cornélio, este contou a Pedro e seus companheiros como o anjo lhe aparecera e como lhe ordenara enviar emissários a Jope com o propósito de levar Pedro a sua casa para pregar-lhes palavras mediante as quais ele e sua família seriam salvos. Vale ressaltar que as virtudes de Cornélio, embora fossem vistas na terra e no céu, reconhecidas pelos homens e por Deus, não eram suficientes para sua salvação. Também é importante destacar que o anjo de Deus podia falar com Cornélio, mas não lhe pregar o evangelho. Essa sublime tarefa foi confiada à igreja, e não aos anjos. É da mais alta importância pontuar que a salvação vem por meio da pregação do evangelho. A mensagem que Pedro pregou na casa de Cornélio foram palavras que apontaram para a morte, ressurreição, ascensão e senhorio de Cristo. O evangelho da salvação é cristocêntrico.

Quarto, a ação divina (Atos 11:15-17). Pedro ainda estava pregando na casa de Cornélio quando o Espírito Santo caiu sobre eles. A mesma experiência vivida no Pentecostes, em Jerusalém, agora se repete em Cesareia na casa de Cornélio. Esse foi o Pentecoste gentio em Cesareia, que correspondia ao Pentecoste judaico em Jerusalém. O que havia acontecido aos judeus acontece, agora, aos gentios. O batismo do Espírito Santo aqui é simultâneo à salvação de Cornélio e sua família, e não uma bênção posterior. A salvação dos gentios, evidenciada pelo derramamento do Espírito, era uma obra vinda do céu, e Pedro não podia mais resistir a Deus. Estava provado que Deus havia recebido gentios convertidos em sua família, em igualdade de condições com os convertidos judeus.

O comentário de Pedro ressalta que a experiência dos convertidos gentios fora a mesma que a daqueles que receberam originariamente o Espírito no princípio, isto é, no dia de Pentecostes. Nada há que possa sugerir uma posição de "cidadãos de segunda classe" para os gentios. Pedro toma por certo que o Espírito Santo é dado àqueles que creem no Senhor Jesus Cristo; o batismo com água é dado como resposta à confissão de fé.

Um resultado glorioso (Atos 11:18). Não apenas Pedro foi convencido pela evidência irrefutável, mas também a

PEDRO, UM DEFENSOR DO EVANGELHO

igreja de Jerusalém o foi. Pararam de criticar e passaram a louvar. O relato de Pedro trouxe paz à igreja e glória ao nome do Senhor. Os crentes judeus reconheceram que aos gentios foi dado por Deus o arrependimento para vida. A salvação é endereçada a todos os povos, e o evangelho deve ser compartilhado com judeus e gentios.

PEDRO DEFENDE O EVANGELHO NO CONCÍLIO DE JERUSALÉM

Pela segunda vez, Pedro defende o evangelho, agora no concílio de Jerusalém. Esse episódio está registrado em Atos 15. Esse capítulo é essencial para o cristianismo. É um divisor de águas na história da igreja. A decisão tomada nesse concílio liberou o evangelho de suas incômodas vestimentas judaicas para se tornar a mensagem de Deus para toda a humanidade, dando à igreja judaico-gentílica uma identidade autoconsciente como o povo reconciliado de Deus, o único corpo de Cristo.

O avanço missionário da igreja enfrentou lutas externas e internas, perseguição física e também doutrinária. Depois que Paulo e Barnabé retornaram da primeira viagem missionária e relataram à igreja de Antioquia como Deus abrira aos gentios a porta da fé, uma nova onda de perseguição surgiu, movida pela inveja de alguns membros da seita dos fariseus (Atos 15:1,5). Esses embaixadores do judaísmo desceram de Jerusalém, sem nenhuma autorização dos apóstolos ou representação da igreja

(Atos 15:24), e começaram a perturbar os irmãos de Antioquia e perverter o evangelho, afirmando que os gentios precisavam ser circuncidados para serem salvos.

Se houvesse prevalecido essa atitude, inevitavelmente o cristianismo não teria sido mais do que outra seita judaica. A presença desses judaizantes na congregação de Antioquia não tem a finalidade de expandir a igreja por intermédio do evangelismo, tampouco vão ali animar os crentes em sua fé. Seu propósito é colocar sobre os ombros dos irmãos uma rígida demanda, especificando se eles podem ou não ser salvos: os fariseus insistem que o rito judaico da circuncisão é necessário para a salvação dos gentios cristãos.

Esses mestres judeus legalistas eram da congregação de Jerusalém, mas não foram enviados por ela nem autorizados pelos apóstolos (Atos 15:24). Identificados com os fariseus (Atos 15:5), foram chamados por Paulo de *falsos irmãos* (Gálatas 2:4), cujo propósito era privar os crentes de sua liberdade em Cristo (Gálatas 2:1-10; 5:1-12).

A carta aos Gálatas precede o concílio de Jerusalém. Durante o período em que Paulo permaneceu em Antioquia ou mesmo a caminho de Jerusalém, Paulo escreveu essa epístola para combater exatamente a influência perniciosa desses falsos mestres judaizantes que estavam perturbando a igreja com a pregação de um *outro* evangelho, que de fato não era evangelho (Gálatas 1:6-9). A influência desses *falsos irmãos* que desceram de Jerusalém, falsamente dizendo que estavam representando Tiago, foi tão forte que até mesmo Pedro e Barnabé foram influenciados por eles (Gálatas 2:11-14). Mas, diante da repreensão de Paulo, ambos voltaram à sensatez, e, agora, tanto Pedro como Barnabé estão unidos a Paulo no concílio de Jerusalém em defesa do evangelho de Cristo, rejeitando as ideias dos judaizantes (Atos 15:7-12).

Os indivíduos que desceram de Jerusalém a Antioquia, do grupo dos fariseus, não são mencionados por nome. Eles não desceram para se alegrar com a igreja pelas boas-novas dos campos missionários. Ao contrário, desceram para jogar um balde de água fria na fervura e dizer que os gentios não poderiam ser salvos, a menos que se circuncidassem (Atos 15:1) e observassem a lei de Moisés (Atos 15:5). Vamos destacar aqui alguns pontos:

Um ataque frontal ao evangelho é feito (Atos 15:1). Esses falsos mestres estavam ensinando que a fé em Cristo não era suficiente para a salvação. Estavam pregando que, sem a observância da circuncisão, os gentios não poderiam ser salvos. Segundo esses mestres, os gentios precisavam primeiro se converter em judeus, para depois se tornarem cristãos.

Contudo, a grande questão é: Pode o homem ganhar o favor de Deus? Pode justificar a si mesmo pelos próprios esforços? Pode chegar a ser considerado justo diante de Deus por si mesmo e pela obediência da lei? A resposta a essas perguntas é um retumbante não. Ninguém será justificado diante de Deus pelas obras da lei (Gálatas 3:11). Nenhum ritual sagrado pode tornar o homem aceitável diante de Deus. A circuncisão da carne não pode purificar o homem. A salvação é exclusivamente pela fé, e não pela fé mais as obras. Não é Cristo mais a circuncisão, mas unicamente Cristo.

Por que esses legalistas eram tão perigosos? Eles tentavam misturar a lei e a graça e colocar vinho novo em odres velhos e frágeis (Lucas 5:36-39). Costuravam o véu rasgado do santuário (Lucas 23:45) e colocavam obstáculos no caminho novo e vivo para Deus aberto por Jesus ao morrer na cruz (Hebreus 10:19-25). Reconstruíram o muro de separação entre judeus e gentios que Jesus derrubou no Calvário (Efésios 2:14-16). Colocavam o jugo pesado do judaísmo sobre os ombros dos gentios (Atos 15:10; Gálatas 5:1) e pediam que a igreja saísse da luz e fosse para as sombras (Colossenses 2:16,17; Hebreus 10:1). Diziam: "Antes de se tornar um cristão, o gentio precisa tornar-se judeu! Não basta simplesmente crer em Jesus Cristo. Também é preciso obedecer à lei de Moisés!" O lema desses mestres judaizantes era "Jesus e circuncisão".

Um debate caloroso é travado (Atos 15:2). Lucas emprega o termo grego *stasis*, "sedição", para descrever a ferrenha controvérsia. Essa contenda se torna tão exacerbada justamente porque cada um acredita ter a favor de si a límpida palavra bíblica. Paulo e Barnabé enfrentam esses falsos mestres. Não aceitam essa imposição herética. Defendem a verdade com todo o vigor.

PEDRO, UM DEFENSOR DO EVANGELHO

O que estava em jogo aqui não era uma questão lateral e secundária, mas a própria essência do cristianismo. Esses fariseus chamados por Paulo de *falsos irmãos* (Gálatas 2:4) estavam fazendo da circuncisão uma condição necessária para a salvação. Eles diziam aos convertidos gentios que a fé em Cristo não era suficiente para a salvação. Os crentes gentios deveriam acrescentar a circuncisão à fé, e à circuncisão, a observância da lei. Em outras palavras, eles precisavam permitir que Moisés completasse o que Jesus havia começado e permitir que a lei completasse o evangelho. O caminho da salvação estava em jogo. O evangelho estava sendo questionado. Os fundamentos básicos da fé cristã estavam sendo minados. Não eram algumas práticas cultuais judaicas que estavam em jogo, mas sim a verdade do evangelho e o futuro da igreja. Além de esses fariseus serem falsos irmãos, eram também mentirosos, pois disseram que vieram a Antioquia enviados por Tiago (Gálatas 2:12). Mas, no concílio de Jerusalém, fica claro que esses embaixadores do judaísmo foram a Antioquia por conta própria, sem nenhuma autorização por parte da igreja (Atos 15:24).

Um relato minucioso é dado (Atos 15:3,4). Paulo e Barnabé viajam para Jerusalém e, ao longo do caminho, passando pelas províncias da Fenícia (hoje Líbano) e Samaria, vão relatando a conversão dos gentios. O resultado desse testemunho eloquente é uma imensa alegria no coração dos crentes. Justo González diz que Paulo e Barnabé, em relação à admissão de gentios, tinham amplo apoio não só em Antioquia, mas também na Fenícia e Samaria, onde eles não tinham trabalhado. Ao chegarem os dois pioneiros da evangelização entre os gentios, os apóstolos, os presbíteros e toda a comunidade cristã de Jerusalém acolheram com alegria Paulo e Barnabé, e estes relatam tudo o que Deus fizera com eles.

Um conflito imediato é instalado (Atos 15:5). Alguns membros do partido dos fariseus imediatamente se opuseram aos apóstolos e bateram o pé, dizendo que era necessário os gentios serem circuncidados e cumprirem a lei de Moisés para serem salvos. Negavam, assim, a obra suficiente de Cristo para a salvação.

Diante do impasse levantado por alguns membros da seita dos fariseus, perturbando a igreja e pervertendo o evangelho, o concílio, formado pelos apóstolos e presbíteros, foi instalado (Atos 15:6). Segue-se o debate sobre o assunto em pauta. Seria necessário mesmo os gentios se submeterem aos ritos judaicos para serem salvos? Seria o judaísmo um complemento do cristianismo? Seriam as obras da lei uma necessidade complementar à fé? Seria o sacrifício de Cristo insuficiente para salvar o pecador?

O apóstolo Pedro foi uma peça fundamental no processo de esclarecimento da verdade nesse concílio (Atos 15:7-10). Ele era um líder na igreja. Sua palavra tinha muito peso. Pedro já tivera um sério problema em Antioquia, quando deixou de ter comunhão com os crentes gentios. Foi duramente exortado por Paulo (Gálatas 2:11-14). Agora, revelando humildade, posiciona-se

PEDRO, UM DEFENSOR DO EVANGELHO

firmemente contra a bandeira levantada pelos fariseus. O discurso de Pedro tem o mesmo efeito que sua palavra tivera no passado após os acontecimentos na casa de Cornélio. Naquela ocasião [...] *eles se tranquilizaram* [...] (Atos 11:18). *Então toda a multidão silenciou* [...] (Atos 15:12). Os comentários de Pedro ressaltam uma só lição basicamente singela. Ele apelou à experiência.

Três verdades são proclamadas por Pedro:

Deus escolheu Pedro para abrir a porta da fé aos gentios (Atos 15:7). O Senhor Jesus colocou nas mãos de Pedro as chaves do reino (Mateus 16:19), e ele as usou para abrir a porta da fé aos judeus (Atos 2:14-36), aos samaritanos (Atos 8:14-17) e aos gentios (Atos 10:1-48). Em outras palavras, Pedro pregou aos judeus no Pentecostes, pregou aos samaritanos em Samaria e pregou ao gentio Cornélio em Cesareia. Não foi comissionado a pregar a fé mais as obras, mas a fé em Cristo como a única condição para a salvação. Os apóstolos e irmãos da Judeia censuraram Pedro por visitar gentios e comer com eles, mas ele apresentou diante deles uma defesa satisfatória (Atos 11:1-18). Apesar de Paulo ser conhecido como o apóstolo dos gentios, e Pedro como o apóstolo dos judeus, essas designações não devem ser tomadas de forma muito restrita (Gálatas 2:7-9). Pelas palavras de despedida de Paulo aos presbíteros efésios, sabemos que ele pregou o evangelho a ambos, judeus e gregos (Atos 20:21). Por semelhante modo, Pedro não restringiu seu ministério aos judeus. Ele viajou de maneira extensiva até Corinto, Ásia

Menor e Roma, encontrando igualmente tanto judeus como gentios, conforme atestam suas epístolas e também as de Paulo.

Deus enviou o Espírito Santo aos gentios (Atos 15:8). Quando os gentios creram em Cristo, Deus confirmou a legitimidade dessa experiência, enviando-lhes o Espírito. O Espírito não foi dado aos gentios mediante a observância da lei, mas pelo exercício da fé (Atos 10:43-46; Gálatas 3:2).

Deus eliminou uma diferença (Atos 15:9). Deus não faz diferença entre judeus e gentios. A salvação é concedida não como resultado das obras nem por causa da raça. Deus trata tanto judeus como gentios da mesma maneira. Ambos têm o coração purificado pela fé, e não pela prática das obras da lei. Jesus ensinou que as leis alimentares judaicas não tinham nenhuma relação com a santidade interior (Marcos 7:1-23), e Pedro reaprendeu essa lição quando recebeu a visão no terraço em Jope. Deus não faz distinção alguma entre judeus e gentios no que se refere ao pecado (Romanos 3:9,22) e à salvação (Romanos 10:9-13).

Deus removeu o jugo da lei (Atos 15:10). A declaração mais enfática de Pedro e sua exortação mais contundente foram acerca da remoção do jugo da lei. A lei era um jugo que pesava sobre os judeus, mas esse jugo havia sido removido por Jesus (Mateus 11:28-30; Gálatas 5:1-10; Colossenses 2:14-17). A lei não tem poder de purificar o coração do pecador (Gálatas 2:21), de conceder o dom do

PEDRO, UM DEFENSOR DO EVANGELHO

Espírito (Gálatas 3:2), nem de dar vida eterna (Gálatas 3:21). Aquilo que a lei era incapaz de fazer, Deus realizou por meio do seu Filho (Romanos 8:1-4). A lição aqui não é que a lei é um fardo opressivo, mas sim que os judeus eram incapazes de obter a salvação através dela; daí a sua irrelevância no que dizia respeito à salvação. Pelo contrário, segundo disse Pedro, os judeus precisam crer a fim de serem salvos mediante a graça de Deus (Atos 15:11). Se tanto os judeus quanto os gentios são salvos dessa maneira, é claro que a obediência à lei não é exigida dos gentios. Podemos acrescentar que nem sequer dos judeus se exige a obediência à lei como meio de salvação (Gálatas 5:6).

Pedro não sugere que o concílio deve abolir a lei. Ele faz objeção a torná-la uma precondição para a salvação. Tanto os judeus como os gentios são salvos da mesma maneira. Não há dois modos de salvação. Não há um critério diferente para judeus e outro para os gentios. A salvação é pela graça, e não pelas obras; é recebida pela fé, e não por merecimento. Procede daquilo que Cristo fez por nós, e não daquilo que fazemos para ele. A salvação não é um caminho aberto da terra para o céu e do homem para Deus. A salvação não é uma obra humana. A salvação é planejada por Deus, executada por Deus e consumada por Deus.

Capítulo 9

Pedro, um homem que operou milagres

O livro de Atos, embora seja conhecido como Atos dos Apóstolos, destaca especialmente o ministério de Pedro e Paulo. Esses dois apóstolos são destacados como pregadores e operadores de milagres. O livro de Atos registra vários milagres operados por Pedro e outros experimentados por ele.

O primeiro milagre operado por Pedro foi a cura do paralítico na Porta Formosa do templo (Atos 3:1-3). Esse milagre deu a Pedro a oportunidade de pregar seu segundo sermão em Jerusalém, elevando o número de crentes para cinco mil.

O segundo milagre foi a morte instantânea de Ananias e Safira, num claro juízo de Deus à hipocrisia desse casal, que, para ganhar notoriedade na igreja, mentiu ao Espírito Santo (Atos 5:1-11).

O terceiro milagre ocorreu em Jerusalém, quando os enfermos eram levados pelas ruas e colocados *em leitos e macas, para que, quando Pedro passasse, ao menos sua*

PEDRO, UM HOMEM QUE OPEROU MILAGRES

sombra se projetasse sobre alguns deles. Também das cidades ao redor ia muita gente para Jerusalém, levando doentes e atormentados por espíritos impuros, e todos eram curados (Atos 5:15,16).

O quarto milagre acontece em Lida, quando Pedro cura o paralítico Eneias (Atos 9:32-35). Depois de Lucas nos relatar a conversão de Saulo, volta sua atenção para Pedro. No começo da perseguição da igreja, os apóstolos julgaram prudente permanecer em Jerusalém (Atos 8:1b), mas, agora que a igreja estava desfrutando um tempo de paz (Atos 9:31), sentiram-se livres para deixar a cidade. É dessa forma que Pedro inicia seu ministério itinerante (Atos 9:32a), pregando o evangelho e visitando os santos (Atos 9:32b).

A cura de Eneias foi algo maravilhoso. Ele era paralítico, e havia oito anos jazia de cama. Pedro lhe disse: [...] *Eneias, Jesus Cristo te cura. Levanta-te e arruma a tua cama. Ele logo se levantou* (Atos 9:34). De maneira ainda mais nítida do que na cura do mendigo aleijado em Atos 3, aqui Jesus é imediatamente destacado como o verdadeiro e único doador da cura. Pela autoridade do seu nome, o Cristo ressurreto restabeleceu Eneias completamente. A cura foi instantânea, e o homem conseguiu se levantar e arrumar sua cama (Atos 9:34). Tornou-se um milagre ambulante, pois todos aqueles que viram esse fato extraordinário em Lida e Sarona converteram-se ao Senhor (Atos 9:35).

O quinto milagre aconteceu em Jope. Em Atos 9:36-43, há o registro da ressurreição de Dorcas (Tabita = gazela), uma mulher notável pelas boas obras e esmolas que fazia. Ela vivia integralmente dedicada à beneficência e à ajuda ao próximo. Ela cuidava especialmente das viúvas. Essa notável serva do Senhor adoeceu e morreu, e os irmãos colocaram seu corpo no cenáculo. Não havia registro até então de que os apóstolos tivessem sido usados por Deus para a ressurreição de mortos. Isso mostra a fé e a confiança dos crentes de Jope em mandar buscar Pedro em Lida. Pedro chegou e ordenou que as pessoas que estavam chorando e lamentando saíssem do quarto, pois o milagre que estava para acontecer ali não era um espetáculo, e ele, colocando-se de joelhos, orou e, voltando-se para o corpo, disse: [...] *Tabita, levanta-te. Ela abriu os olhos e, vendo Pedro, sentou-se. Ele lhe deu a mão, levantou-a e, chamando os santos, e as viúvas, apresentou-a viva* (Atos 9:40,41). Que diferença fundamental em relação a todas as práticas feiticeiras e milagreiras de cunho ocultista! Aqui não são sussurradas fórmulas mágicas, não se cita nenhum nome misterioso, nem se realizam estranhas benzeduras. Emite-se uma ordem cordial, e espera-se com fé que essa ordem, possível como tal, será cumprida pela ação de Deus.

Assim como a cura de Eneias, a ressurreição de Dorcas atraiu a atenção do povo, e muitos creram em Jesus Cristo (Atos 9:42). Pedro permaneceu muitos dias

PEDRO, UM HOMEM QUE OPEROU MILAGRES

em Jope, em casa de um curtidor chamado Simão (Atos 9:43). Foi nessa cidade que séculos antes o profeta Jonas fugiu de Deus para Társis para não pregar aos gentios de Nínive. Foi nessa cidade que Deus constrangeu Pedro a ir à casa de Cornélio, um gentio, para pregar-lhe o evangelho. O fato de a visão de Pedro acontecer em Jope é assaz relevante, pois foi em Jope que Jonas, quando Deus o chamou para ir a Nínive, tomou um navio para a direção oposta, para Társis (Jonas 1:3). O verdadeiro nome de Pedro é Simão, filho de Jonas (Mateus 16:17). Agora, esse Simão, filho de Jonas, como o Jonas anterior e na mesma cidade de Jope, ouve o chamado enviando-o além dos limites do povo de Israel.

Atos 10 fala-nos de uma das mais importantes conversões da História. No capítulo 9, vemos a conversão de um perseguidor implacável. No capítulo 10, a conversão de um homem piedoso. Essas são as duas mais importantes conversões retratadas no livro de Atos. Entre elas, vemos dois milagres, a cura de Eneias, um paralítico, e a ressurreição de Dorcas. Ambos os milagres foram operados pelo poder de Jesus. Foram sinais da salvação de Jesus e resultaram na glória de Jesus.

No capítulo 9, vemos o grande milagre de um paralítico andar e um milagre ainda maior, o de uma morta ressuscitar, mas no capítulo 10 de Atos vemos o maior de todos os milagres, o milagre da conversão de um homem a Jesus.

Pedro experimenta muitos milagres de Jesus

Pedro andou com o Filho de Deus durante três anos e viu muitos de seus milagres. Viu os cegos vendo, os surdos ouvindo, os mudos falando, os leprosos sendo purificados, os coxos e os paralíticos andando, os famintos alimentados e os mortos ressuscitando.

O próprio Pedro foi alvo de alguns desses extraordinários milagres. Certa feita, no mar da Galileia, Pedro, movido pela fé em Cristo, andou sobre as águas (Mateus 14:29).

No interior de sua casa, viu Jesus levantando sua sogra do leito, vitimada por febre alta (Lucas 4:38,39).

Durante duas vezes, por intervenção direta de Jesus, Pedro foi testemunha de pescas milagrosas. A primeira delas quando foi chamado para o ministério (Lucas 5:1-11), e a segunda quando foi restaurado para o ministério (João 21:1-14).

Encerrado na prisão pública de Jerusalém, Pedro e os demais discípulos foram arrancados de lá pelo anjo do Senhor (Atos 5:17-19).

Antes da festa da Páscoa, Herodes Agripa I mandou passar ao fio da espada o apóstolo Tiago, encerrando Pedro em prisão de segurança máxima, para executá-lo depois da festa (Atos 12:1-4). Pedro estava guardado por quatro escoltas de quatro soldados cada uma, tendo as mãos atadas em cadeias. Contudo, havia oração incessante

PEDRO, UM HOMEM QUE OPEROU MILAGRES

da igreja em seu favor. Então, na última noite, enquanto Pedro dormia no cárcere, um anjo do Senhor foi enviado à prisão e despertou Pedro, livrando-o de suas cadeias e tirando-o da prisão de segurança máxima de Herodes (Atos 12:5-8). O mesmo Herodes que pensava estar no controle para matar Pedro foi morto pelo anjo do Senhor (Atos 12:23). O mesmo Herodes que pensou impedir o crescimento da igreja morreu, e a palavra de Deus continuou florescendo com poder (Atos 12:24). O Pedro que fez milagres foi o mesmo que experimentou poderosos milagres na própria vida!

CAPÍTULO 10

PEDRO, UM ESCRITOR INSPIRADO PELO ESPÍRITO SANTO

Pedro escreveu duas epístolas. Na primeira delas, encorajou os crentes dispersos a enfrentarem vitoriosamente o sofrimento e, na segunda, alertou os crentes sobre a ameaça dos falsos mestres.

A PRIMEIRA CARTA DE PEDRO

A primeira carta de Pedro é considerada uma carta católica ou geral, endereçada a um grupo maior de cristãos, espalhados por diversas regiões da Ásia Menor. É o mais condensado resumo da fé cristã e da conduta que ela inspira em todo o Novo Testamento. Seu propósito principal está inconfundivelmente explícito: [...] *escrevo de forma abreviada, exortando e testemunhando, que esta é a verdadeira graça de Deus; nela permanecei firmes* (Atos 5:12).

Pedro escreve aos forasteiros e dispersos do Ponto, Galácia, Capadócia, Ásia e Bitínia, cinco partes do império romano, todas elas localizadas na Ásia Menor (atual

PEDRO, UM ESCRITOR INSPIRADO PELO ESPÍRITO SANTO

Turquia). Os cristãos que recebem essa carta eram compostos de gentios e judeus.

Que eles eram, na sua maioria gentios, depreende-se do fato de que Pedro descreve sua vida pretérita como uma vida de fútil procedimento e também que não eram considerados *povo*, mas agora são *raça eleita*.

Pedro usa três palavras diferentes para descrever seus destinatários:

A palavra grega *paroikos*, cujo significado é "exilados". Essa palavra descreve o morador de um país estrangeiro. Um *paroikos* é alguém que está longe do seu lar, em terra estranha, e cujos pensamentos sempre retornam à sua pátria. Essa residência estrangeira chama-se *paroikia*, de onde vem nossa palavra "paróquia". Os cristãos, em qualquer lugar, são um grupo de pessoas cujos olhos se voltam para Deus e cuja lealdade está mais além: *Na verdade*, não temos aqui cidade permanente, mas buscamos *a que virá* (Hebreus 13:14). O mundo é uma ponte; o homem sábio passará por ela, mas não edificará sobre ela sua casa, pois o cristão é um exilado da eternidade.

A segunda palavra grega que Pedro usa é *diáspora*, cujo significado é "dispersão". Essa palavra era atribuída aos judeus dispersos por entre as nações, em virtude da perseguição ou mesmo por interesses particulares. Agora, essa mesma palavra é atribuída aos cristãos, espalhados pelo mundo, pelo vento da perseguição. A perseguição, porém, em vez de destruir a igreja, promoveu-a. O vento da perseguição apenas espalhou a semente, e cada crente era uma semente que florescia onde estava plantado.

A terceira palavra grega é *eklektos*, cujo significado é "eleitos". Os cristãos foram eleitos por Deus desde a eternidade, antes da fundação do mundo. Eleitos em Cristo para a salvação. Eleitos para a salvação mediante a fé na verdade e a santificação do Espírito. Eleitos para a santidade e a irrepreensibilidade.

O tema da perseguição aos cristãos, que percorre essa epístola toda, sugere que Pedro a escreveu por volta de 63 d.C., pouco antes de seu martírio em Roma, por ordens de Nero, o que sucedeu por volta do ano 64 d.C. Os leitores de Pedro estão passando por um tempo de prova e perseguição. Tal perseguição assumira forma de acusações caluniosas, ostracismo social, levantes populares e ações policiais locais. O fogo da perseguição já está se espalhando, e os cristãos deveriam estar preparados para enfrentarem esses tempos difíceis. O próprio fato de alguém se declarar cristão já era motivo para sofrer retaliações. Os crentes, entrementes, deveriam suportar com alegria o sofrimento por causa de sua fé. Pedro insta os cristãos dispersos à coragem, paciência, esperança e santidade de vida diante dos maus-tratos dos seus inimigos.

Somos informados que Pedro escreveu essa carta da Babilônia (1Pe 5:13). A grande questão é saber a que Babilônia Pedro se refere. Havia naquela época três cidades com esse nome.

A primeira delas era uma pequena cidade que ficava no norte do Egito, onde havia um posto avançado do exército romano. Ali havia uma comunidade de judeus e

PEDRO, UM ESCRITOR INSPIRADO PELO ESPÍRITO SANTO   141

alguns cristãos, mas é muito pouco provável que Pedro estivesse nessa região quando escreveu essa epístola.

A segunda Babilônia ficava no Oriente, junto ao rio Eufrates, na Mesopotâmia. Também nessa cidade havia uma grande comunidade de judeus, e certamente nesse tempo os cristãos já povoavam essa cidade. Calvino é de opinião de que Pedro escreveu essa carta do Oriente, uma vez que Paulo não faz referência a Pedro em sua carta aos Romanos nem cita Pedro nas cinco cartas que escreveu de Roma.

A terceira Babilônia era Roma. Pedro teria usado o mesmo recurso que o apóstolo João usou no livro de Apocalipse (Apocalipse 17:4-6,9,18; 18:10), referindo-se a Roma por meio de um código, numa linguagem metafórica. A maioria dos estudiosos, dentre eles os pais da igreja Eusébio e Jerônimo, entende que Pedro escreveu sua carta de Roma e, por ser um tempo de perseguição, preferiu referir-se à capital do império por meio de códigos.

A primeira carta de Pedro é considerada a carta mais pastoral e terna do Novo Testamento. A nota dominante da carta é o permanente alento que Pedro dá a seus leitores para que se mantenham firmes em sua conduta mesmo em face da perseguição.

A carta foi escrita para animar os fiéis a estarem firmes durante o sofrimento e levá-los à santidade. Pedro se dirige aos crentes da Ásia como um verdadeiro pastor que cuida do seu rebanho, obedecendo ao desiderato recebido de Cristo (João 21:15-17).

Os crentes da Ásia, além de estarem espalhados pelas províncias romanas da Ásia, ainda se sentiam sem pátria, sem chão, como peregrinos. A dispersão não era apenas geográfica. Agora, chegavam também os ventos furiosos da perseguição. A perseguição atingia os crentes não porque eles praticavam o mal, mas porque praticavam o bem. Os cristãos eram perseguidos não porque eram rebeldes, mas porque eram cordatos. Ser cristão passou a ser ilícito no império. Os cristãos passaram a ser caçados, espoliados, torturados e mortos pelo simples fato de professarem o nome de Cristo. Esse fogo ardente da perseguição não estava atingindo apenas os crentes da Ásia, mas estava se espalhando, também, por todo o mundo.

Os cristãos não tinham pátria permanente. Viviam dispersos pelos cantos da terra, mas podiam mesmo nessas fugas constantes alegrar-se na salvação. Essa salvação foi planejada pelo Deus Pai, executada pelo Deus Filho e aplicada pelo Deus Espírito Santo. A própria Trindade estava engajada nessa gloriosa salvação, e os crentes, mesmo provando o fogo ardente da perseguição, deveriam exultar por causa dessa herança imarcescível e gloriosa.

A esperança da segunda vinda de Cristo, como a consumação de todas as coisas, como um fio dourado, percorre toda a epístola (1Pe 1:5; 1:7; 1:13; 2:12; 4:17; 5:1; 5:4). Estamos no mundo, mas não somos do mundo. Nossa herança não está aqui. Nossa recompensa não está aqui. Nossa pátria permanente não está aqui. Aguardamos

PEDRO, UM ESCRITOR INSPIRADO PELO ESPÍRITO SANTO **143**

nosso Senhor que está no céu. Mueller diz que toda a carta respira essa perspectiva, e repetidamente os leitores são exortados a fazerem dela a sua perspectiva de vida.

A SEGUNDA CARTA DE PEDRO

A segunda carta de Pedro é, também, uma das epístolas gerais. Foi endereçada a igrejas e indivíduos. Semelhantemente às cartas aos Hebreus, Tiago, 1Pedro e 1,2,3 João, circulava entre as igrejas.

Depois de apresentar-se, Pedro dirige-se a seus destinatários, denominando-os como *as que conosco alcançaram fé igualmente preciosa por meio da justiça do nosso Deus e Salvador Jesus Cristo* (2Pe 1:1). É muito provável que esses irmãos fossem os mesmos crentes dispersos, *eleitos peregrinos da Dispersão no Ponto, Galácia, Capadócia, Ásia e Bitínia* (1Pe 1:1). Esses crentes, mesmo perseguidos e dispersos, obtiveram uma fé preciosa. Fé na justiça de Cristo, o próprio Deus encarnado, nosso único Salvador. Pedro diz aos seus leitores que essa é a segunda carta que está escrevendo (2Pe 3:1). A maioria dos comentaristas entende que se trata de uma referência à primeira carta de Pedro. Sendo assim, os destinatários da segunda carta, obviamente, devem ser as mesmas pessoas para as quais 1Pedro foi enviada, ou seja, os cristãos da Ásia Menor mencionados em 1Pedro 1:1. Os leitores parecem, também, estar familiarizados com as epístolas de Paulo (2Pe 3:15,16), uma vez que algumas das cartas de Paulo foram enviadas para os cristãos da Ásia Menor.

Se o foco da primeira carta foi preparar a igreja para enfrentar o sofrimento que se espalhava, o propósito dessa epístola é alertar a igreja acerca dos falsos profetas. Nessa segunda carta, ele advertiu os crentes sobre os perigos dos falsos mestres que se infiltraram nas comunidades cristãs.

A primeira epístola de Pedro trata do perigo fora da igreja: perseguições. A segunda epístola de Pedro, do perigo dentro dela: a falsa doutrina. A primeira foi escrita para animar, e a segunda, para advertir. Na primeira, vê-se Pedro cumprindo a sua missão de fortalecer os irmãos (Lucas 22:32); na segunda, cumprindo a sua missão de pastorear as ovelhas, protegendo-as dos perigos ocultos e insidiosos, para que andem nos caminhos da justiça (João 21:15-17). Pode-se resumir o tema da segunda carta da seguinte maneira: um conhecimento completo de Cristo é uma fortaleza contra a falsa doutrina e contra a vida imoral.

Os mestres heréticos, que mascateavam com doutrinas falsas e praticavam uma moralidade frouxa, começavam a lançar sérias investidas contra a igreja, penetrando nela. A segunda epístola de Pedro é uma polêmica contra os tais e, particularmente, contra o ensino deles, no qual negavam a realidade da volta de Jesus. Pedro assevera o verdadeiro conhecimento da fé cristã a fim de fazer frente àquela doutrinação herética.

Pedro adverte seus leitores acerca dos falsos profetas que aparecem com heresias destruidoras, que corrompem as pessoas (2Pe 2:1,2,13,14). Assegura aos crentes que esses falsos profetas serão repentinamente destruídos (2Pe

PEDRO, UM ESCRITOR INSPIRADO PELO ESPÍRITO SANTO   145

2:3,4). Pedro exemplifica essa destruição, citando o dilúvio e Sodoma e Gomorra (2Pe 2:4-8). Compara os falsos profetas a Balaão (2Pe 2:15,16). Alerta para o fato de que esses mestres do engano estão decididos a desviar os cristãos do caminho da verdade e da santidade, prometendo-lhes uma falsa liberdade que nada mais é que libertinagem (2Pe 2:17-22).

Os falsos mestres do capítulo 2 são, possivelmente, os mesmos escarnecedores do capítulo 3. Esses hereges haviam rompido com a fé cristã (2Pe 2:1,20,21) para espalharem seu veneno letal, suas heresias perniciosas. O apóstolo Pedro fez uma lista de seus ensinamentos pervertidos: 1) Rejeitam Jesus Cristo e o seu evangelho (2Pe 2:1). 2) Repudiam a conduta cristã (2Pe 2:2). 3) Desprezam a autoridade (2Pe 2:10a). 4) Difamam autoridades superiores (2Pe 2:10b). 5) São imorais (2Pe 2:13,14). 6) Falam de liberdade, mas são escravos da depravação (2Pe 2:19). 7) Ridicularizam a doutrina da volta de Cristo (2Pe 3:4). 8) Rejeitam o juízo final (2Pe 3:5-7). 9) Distorcem os ensinamentos das epístolas de Paulo (2Pe 3:16). 10) Vivem em pecado (2Pe 3:16).

Esses falsos mestres eram antinomianos, ou seja, usavam a graça de Deus como justificativa para pecar. Esse grupo era uma semente daquela devastadora heresia chamada "gnosticismo". Os gnósticos defendiam a tese de que o espírito é essencialmente bom e a matéria, essencialmente má. O gnosticismo desembocou no ascetismo por um lado e na licenciosidade por outro. Esses falsos mestres, denunciados por Pedro, diziam que, não importa o que você faça com o corpo, nada disso afeta o homem. Consequentemente, levavam uma vida imoral e induziam as pessoas a fazerem o mesmo.

Numa época em que a igreja cristã dá pouco valor ao estudo da doutrina, quando alguns incautos chegam até a afirmar que a doutrina divide em vez de edificar, precisamos atentar para o fato de que a maior ameaça à igreja não é a pobreza nem a perseguição, mas a heresia. O gnosticismo devastou a igreja nos três primeiros séculos. Esses mestres do engano ensinavam que a verdade, especialmente a verdade última, não poderia ser alcançada pela mente, pelo uso da razão, nem mesmo pela investigação científica. O único caminho para conhecer a verdade de Deus era através da intuição mística que estava além das categorias da razão e do testemunho experimental. O gnosticismo tentou amalgamar o cristianismo com a filosofia grega e o dualismo oriental. Hoje, a Nova Era tem sido o principal veículo para espalhar as velhas doutrinas do velho gnosticismo.

A segunda epístola de Pedro desenvolve o tema escatológico do julgamento divino, da destruição do mundo e da promessa de novos céus e nova terra. Especialmente no capítulo 3, Pedro se refere ao dia do Senhor, que é o dia do julgamento, o dia de Deus (2Pe 3:7,8,10,12).

Nenhum outro livro do Novo Testamento possui detalhes tão claros acerca do fim do universo. Pedro ensina a promessa de um novo céu e uma nova terra (2Pe 3:13; Is

PEDRO, UM ESCRITOR INSPIRADO PELO ESPÍRITO SANTO 147

65:17; 66:22; Apocalipse 21:1). Pedro descreve o novo céu e a nova terra como lugares *nos quais habita justiça* (2Pe 3:13). Os cristãos, que já são coparticipantes da natureza divina (2Pe 1:4) e esperam a entrada no reino eterno de nosso Senhor e Salvador Jesus Cristo (2Pe 1:11), desfrutarão para sempre desse lar na nova criação de Deus. Os cristãos experimentam em sua vida de fé a tensão entre o "já" e o "ainda não"; o "agora" e o "então". É no meio da trevosa escuridão da apostasia que essa pequena carta, sobranceira e confiantemente, olha para a frente, para a vinda de nosso Senhor Jesus Cristo.

Tanto a primeira como a segunda carta de Pedro enfatizam a inspiração das Escrituras (1Pe 1:23-25; 2Pe 1:20,21). Pedro entendia que as Escrituras do Antigo Testamento foram inspiradas pelo Espírito Santo, ou seja, os escritores humanos não publicaram as próprias ideias, mas a revelação de Deus. Os escritores não eram a fonte da mensagem, mas portadores dela. As Escrituras não são palavras de homens, mas a Palavra de Deus, por intermédio de homens santos, inspirados pelo Espírito Santo. Essa palavra é inspirada, inerrante, infalível e suficiente. Ela não pode falhar.

Capítulo 11

Pedro, um homem que nunca foi papa

O catolicismo romano ensina que Pedro foi o primeiro papa e que os papas são legítimos sucessores de Pedro. Essa tese, porém, é vulnerável e dificilmente pode ser provada.

Vejamos alguns importantes argumentos que provam de forma peremptória que Pedro nunca foi papa.

Em primeiro lugar, *o texto básico usado para provar o primado de Pedro está mal interpretado pelo catolicismo romano*. Para o catolicismo romano, Mateus 16:18, *E digo-te ainda que tu és Pedro, e sobre esta pedra edificarei a minha igreja, e as portas do inferno não prevalecerão contra ela*, é a carta magna do papado. A palavra "Pedro", do grego, *Pétros*, significa "fragmento de pedra", enquanto a palavra "pedra", do grego *pétra*, significa "pedra, rocha". *Pétros* é um substantivo masculino, enquanto *pétra* é um substantivo feminino. Ademais, o demonstrativo *te toute* (esta) encontra-se no feminino, ligando-se, portanto, gramatical e logicamente, à palavra feminina *pétra*, a que

PEDRO, UM HOMEM QUE NUNCA FOI PAPA

imediatamente precede. O demonstrativo feminino não pode concordar em número e gênero com um substantivo masculino.

Se Cristo tencionasse estabelecer Pedro como fundamento da igreja, teria dito: "Tu és Pedro, e sobre ti (*epi soi*) edificarei a minha igreja".

Além do mais, todo o contexto próximo está focado na pessoa de Cristo (Mateus 16:13-23): 1) a opinião do povo a seu respeito como Filho do homem (termo messiânico); 2) a opinião dos discípulos a seu respeito; 3) a correta declaração de Pedro de sua messianidade e divindade; 4) a declaração de Jesus de que ele é o fundamento, o dono, o edificador e protetor da igreja; 5) a declaração de que ele veio para morrer; 6) a demonstração da sua glória na transfiguração. Não se tratava de uma conversa particular de Pedro com Cristo, mas de uma dinâmica de grupo em que Jesus discutia o propósito da sua vinda ao mundo.

O contexto mostra que Jesus está se referindo a si próprio na terceira pessoa desde o começo, e isso concorda com o uso que faz de *pétra* na terceira pessoa. Veja outros exemplos em que Cristo usou a terceira pessoa: João 2:19,21 e Mateus 21:42-44. Jesus elogiou Pedro pela inspirada declaração de que Cristo é o Filho do Deus vivo, e é sobre essa *pétra*, Cristo, que a igreja é fundada.

Os teólogos romanos dizem que, no aramaico, "Cefas" significa "pedra". Mas, no aramaico, "Cefas" não é traduzido por *pétra*, pedra, mas por *Pétros*, fragmento de pedra (João 1:42). Outro ponto importante é que "pedra", *pétra*, é radical, e Pedro, *Pétros*, deriva-se de *pétra*, e não *pétra*, de *Pétros*; assim como Cristo não vem de cristão, mas cristão, de Cristo.

O catolicismo romano diz, ainda, que, se Cristo é o fundamento da igreja, não pode ser o seu edificador. Mas aqui há uma superposição de imagens, como em João 10 Jesus diz que ele é o pastor das ovelhas e também a porta das ovelhas.

É importante observar que no Antigo Testamento *pétra* nunca é usado para nenhum homem, mas só para Deus (Isaías 28:16; Salmos 118:22).

Além dos argumentos anteriores, temos ainda a prova insofismável de que Pedro não é a pedra sobre a qual a igreja está edificada, porque o próprio Pedro elucidou pessoalmente essa questão. Depois de ser preso pelo Sinédrio, o apóstolo Pedro proclama diante das autoridades religiosas de Jerusalém:

> Seja do conhecimento de todos vós e de todo o povo de Israel que, em nome de Jesus Cristo, o Nazareno, aquele a quem crucificastes e a quem Deus ressuscitou dentre os mortos, sim, por meio desse nome, este homem está aqui com boa saúde diante de vós. Este Jesus é a pedra rejeitada por vós, os construtores, a qual foi colocada como pedra angular. E não há salvação em nenhum outro, pois debaixo do céu não há outro nome entre os homens pelo qual devamos ser salvos (Atos 4:10-12).

PEDRO, UM HOMEM QUE NUNCA FOI PAPA

Para que não haja nenhum resquício de dúvida, o apóstolo Pedro, cerca de trinta anos mais tarde, escreve sua primeira carta e mantém a mesma posição de que Cristo, e não ele, é a pedra sobre a qual a igreja está edificada. Ouçamos o apóstolo:

Chegando-vos a ele, a pedra viva, rejeitada pelos homens, mas eleita e preciosa para Deus, vós também, como pedras vivas, sois edificados como casa espiritual para serdes sacerdócio santo, a fim de oferecer sacrifícios espirituais aceitáveis a Deus, por meio de Jesus Cristo. Pois isso, a Escritura diz: Ponho em Sião uma pedra angular, eleita e preciosa. Quem nela crer não será desapontado. Assim, para vós, os que credes, ela é preciosa, mas, para os descrentes, a pedra que os construtores rejeitaram foi colocada como a principal, a pedra angular, e como pedra de tropeço e rocha que causa a queda; porque eles tropeçam na palavra, por serem desobedientes; mas para isso também foram destinados (1Pedro 2:4-8).

Se não fosse suficiente apenas o testemunho de Pedro sobre essa magna questão, o apóstolo Paulo, também, é meridianamente claro, quando afirma que Cristo é o único fundamento sobre o qual a igreja está edificada. Ao escrever à igreja de Corinto, o apóstolo dos gentios diz: *Porque ninguém pode lançar outro alicerce, além do que já está posto, o qual é Jesus Cristo* (1Coríntios 3:11). Ainda nessa mesma carta, o apóstolo faz referência à experiência vivida por Moisés em Redifim, quando o povo de Israel estava sedento e não havia água. O povo murmurou contra Moisés, e este clamou ao Senhor. Deus, então, lhe disse: [...] *Bate na rocha, e dela sairá água para que o povo possa beber* [...] (Êxodo 17:6). Fazendo uma aplicação espiritual desse fato, o apóstolo Paulo diz à igreja de Corinto: *e beberam da mesma fonte espiritual; porque bebiam de uma pedra espiritual que os seguia. E a pedra era Cristo* (1Coríntios 10:4, ARA). É insofismável a verdade de que a pedra não é Pedro, mas Cristo. Não fossem esses fatos suficientes, o apóstolo Paulo ainda diz: *edificados sobre o fundamento dos apóstolos e profetas, sendo o próprio Cristo Jesus a principal pedra de esquina* (Efésios 2:20). Ninguém pode contra a verdade de Deus. Ela é como a luz, e diante dela as trevas do engano são dissipadas.

Em segundo lugar, *a afirmação de que Cristo entregou as chaves do reino de Deus apenas a Pedro está equivocada.* As chaves do reino de Deus não foram dadas só a Pedro (Mateus 18:18; 28:18-20). Em Mateus 18:18, essas chaves são dadas aos demais apóstolos, no contexto da aplicação da disciplina eclesiástica. Quando a igreja aplica a disciplina de acordo com a Palavra de Deus, o Senhor ratifica essa disciplina, seja para ligar, seja para desligar. O reformador João Calvino entendia que a prática da disciplina bíblica é uma das marcas da igreja verdadeira.

PEDRO, UM HOMEM QUE NUNCA FOI PAPA

As chaves dadas a Pedro, bem como aos demais apóstolos, foram usadas sabiamente por ele. Essas chaves são a pregação do evangelho. Pedro pregou poderosamente a Palavra para os judeus em Jerusalém no dia de Pentecostes (Atos 2:14-41). Cerca de três mil pessoas foram convertidas. Pedro pregou um sermão centralizado na pessoa de Cristo, falando sobre sua morte, ressurreição, ascensão e senhorio. Mais tarde, Pedro pregou aos samaritanos (Atos 8:25). Ainda somos informados de que Pedro pregou aos gentios, apresentando o evangelho a Cornélio e sua casa (Atos 10:34-48). Pedro não só recebeu as chaves, mas as usou com grande destreza, abrindo a porta da salvação, pregando o evangelho aos judeus, aos samaritanos e aos gentios. No concílio de Jerusalém, o apóstolo Pedro deu o seu testemunho de como Deus o usara para anunciar o evangelho tanto aos judeus como aos gentios (Atos 15:7-11).

Contudo, se paira alguma dúvida na mente do leitor sobre a questão de essas chaves serem a pregação do evangelho, precisamos informar, calçados na verdade das Escrituras, que a porta do céu não é aberta por Pedro. A porta é Jesus (João 10:9), e quem tem a chave que abre e ninguém fecha e fecha e ninguém abre é só Jesus (Apocalipse 3:7).

Em terceiro lugar, *a vulnerabilidade de Pedro para ser a pedra fundamental da igreja*. Pedro não é símbolo de estabilidade, muito menos de infalibilidade. Ao cotejarmos as passagens dos Evangelhos, encontramos reiteradas vezes Pedro claudicando, tropeçando em suas palavras, tendo avanços ousados e recuos vergonhosos, ora alcançando alturas excelsas, ora descendo aos abismos mais profundos de suas quedas infelizes. Pedro é símbolo de fraqueza, de inconstância, de vulnerabilidade. Pedro é símbolo do homem frágil, estribado no bordão da autoconfiança. Como já tratamos desse assunto, e para não nos estendermos sobre esse aspecto, vejamos apenas alguns exemplos:

Pedro, o contraditório. Logo após afirmar a messianidade e a divindade de Cristo, Pedro tenta impedir Jesus de ir para a cruz. Imediatamente Jesus repreende a ação de Satanás em sua vida, dizendo: [...] *Para trás de mim, Satanás! Tu* és para mim *motivo de tropeço, pois não pensas nas coisas de Deus, mas, sim, nas que são dos homens* (Mateus 16:23).

Pedro, o desprovido de entendimento. Logo em seguida, na transfiguração, sem saber o que falava, tentou colocar Jesus no mesmo nível de Moisés e Elias (Marcos 9:5,6).

Pedro o autoconfiante. No cenáculo, disse para Jesus que, ainda que todos o abandonassem, ele jamais o faria e que estaria pronto a ir com Cristo tanto para a prisão como para a morte (Lucas 22:33,34; Mateus 26:33-35), mas Jesus o alertou de que ele o negaria naquela mesma noite, três vezes, antes de o galo cantar.

Pedro, o dorminhoco. No Getsêmani, no auge da grande batalha travada por Cristo, Pedro não vigia com Cristo, mas dorme (Mateus 26:40).

PEDRO, UM HOMEM QUE NUNCA FOI PAPA

Pedro, o violento. Pedro sacou a espada no Getsêmani e cortou a orelha de Malco (João 18:10,11), no que foi repreendido por Cristo.

Pedro, o medroso. Quando Cristo foi preso, Pedro passou a segui-lo de longe e não foi ao monte Calvário (Lucas 22:54).

Pedro, o discípulo que nega Jesus. Pedro negou, jurou e praguejou, dizendo que não conhecia Jesus (Mateus 26:70,72,74). A igreja de Cristo não pode estar edificada sobre nenhum homem. Deus conhece a estrutura do homem e sabe que ele é pó.

Em quarto lugar, *o primado de Pedro não é reconhecido pelos demais apóstolos.* Se Pedro tivesse a primazia entre os apóstolos e fosse o bispo universal, certamente teria ele recebido dos demais apóstolos esse reconhecimento. Entretanto, o Novo Testamento não tem nenhuma palavra a dar em favor dessa pretensão do catolicismo romano. Vejamos alguns argumentos:

Pedro não nomeia apóstolo para o lugar de Judas. O único caso de substituição de apóstolo, Matias no lugar de Judas, não foi uma escolha de Pedro (Atos 1:15-26).

Pedro obedece a ordens dos apóstolos. Pedro é enviado junto com João pelos apóstolos a Samaria em vez de Pedro enviar alguém. Ele obedece a ordens em vez de dar ordens (Atos 8:14,15).

Pedro não dirige o primeiro concílio da igreja. As decisões doutrinárias da igreja não são tomadas por Pedro. O primeiro concílio da igreja, em Jerusalém, foi dirigido por Tiago, e não por Pedro (Atos 15:13-21).

Todas as vezes que os discípulos discutiram quem era o mais importante entre eles, receberam de Cristo severa exortação. Em três circunstâncias, os discípulos discutiram a questão da primazia entre eles, e Cristo os repreendeu (Marcos 9:35; Mateus 20:25-28; Lucas 22:24).

Pedro não é primaz de Jerusalém. Paulo o chama de coluna da igreja, junto com outros apóstolos, mas não o menciona em primeiro lugar (Gálatas 2:9).

O pastor das igrejas gentílicas não é Pedro, e sim Paulo. Paulo não se considera inferior a nenhum apóstolo (2Coríntios 12:11) e diz que sobre ele pesa a preocupação com todas as igrejas (2Coríntios 11:28).

Pedro é repreendido pelo apóstolo Paulo. Pedro tornou--se repreensível em Antioquia, no que é duramente exortado por Paulo (Gálatas 2:11-14).

No Novo Testamento, os apóstolos se associam como iguais em autoridade. Nenhuma distinção foi feita em favor de Pedro (1Coríntios 12:28; Efésios 2:20). Paulo não deu prioridade a Pedro quando combateu a primazia dada por um grupo a Pedro, equiparando-o a ele e a Apolo, dando suprema importância apenas a Cristo (1Coríntios 1:12).

Em quinto lugar, *Pedro não reivindicou autoridade papal.* Outro argumento insofismável para provar que Pedro não foi bispo de Roma nem bispo universal é que ele não reivindicou autoridade papal. Vejamos:

Pedro não aceitou veneração de homens. Quando Cornélio ajoelhou-se diante de Pedro e o adorou, imediatamente Pedro o levantou e disse: [...] *levanta-te, pois eu também sou um homem* (Atos 10:26). Pedro não ousou perdoar os pecados de Simão, o mágico, quando este pediu a Pedro e João que rogassem por ele (Atos 8:22,23).

Pedro autodenominou-se apenas servo e apóstolo de Cristo. Quando Pedro escreveu suas cartas, se fosse de fato bispo universal ou papa da igreja, teria de defender seu primado, mas ele não o fez. Ao contrário, apresentou-se como apóstolo de Cristo (1Pe 1:1) e como servo de Cristo (2Pe 1:1).

Pedro considerou-se presbítero entre os outros presbíteros, e não acima dos demais. Pedro reprovou a atitude de um presbítero querer dominar o rebanho de Deus e chamou a si mesmo de presbítero entre os demais, e não acima deles (1Pe 5:1-4).

Em sexto lugar, *Pedro não foi bispo da igreja de Roma.* De acordo com a tradição do catolicismo romano, Pedro foi bispo da igreja de Roma durante 25 anos, ou seja, de 42 a 67 d.C., quando foi crucificado de cabeça para baixo, por ordem de Nero. Vários são os argumentos que podemos usar para refutar essa pretensão romana.

A Bíblia não tem nenhuma palavra sobre o bispado de Pedro em Roma. A palavra "Roma" aparece apenas nove vezes na Bíblia, e Pedro nunca foi mencionado em conexão com ela. Não há nenhuma alusão a Roma em nenhuma das epístolas de Pedro. O livro de Atos nada mais fala de Pedro depois de Atos 15, senão que ele fez muitas viagens com sua mulher (1Coríntios 9:5).

Não há nenhuma menção de que Pedro tenha sido o fundador da igreja de Roma. Possivelmente os romanos presentes no Pentecostes (Atos 2:10,11) foram os fundadores da igreja.

Paulo escreve sua carta à igreja de Roma em 58 d.C. e não menciona Pedro. Nesse período, Pedro estaria no auge do seu pontificado em Roma, mas Paulo não dirige sua carta a Pedro. Ao contrário, dirige a carta à igreja como seu instrutor espiritual (Romanos 1:13). No capítulo 16 da carta aos Romanos, Paulo faz 26 saudações aos mais destacados membros da igreja de Roma e não menciona Pedro. Se Pedro já era bispo da igreja de Roma há dezesseis anos (42 d.C. a 58 d.C.), por que Paulo diz: *Porque desejo muito ver-vos, para compartilhar convosco algum dom espiritual, a fim de que sejais fortalecidos* (Romanos 1:11)? Não seria um insulto gratuito a Pedro? Não seria presunção de Paulo com o papa da igreja? Se Pedro fosse papa da igreja de Roma, por que Paulo diz que não costumava edificar sobre o fundamento de outrem: *Desse modo, esforcei-me por anunciar o evangelho não onde Cristo já havia sido proclamado, para não edificar sobre fundamento alheio* (Romanos 15:20)? Paulo diz isso porque Pedro não estivera nem estava em Roma.

Paulo escreve cartas de Roma e não menciona Pedro. Enquanto Paulo esteve preso em Roma (61 d.C. a 63 d.C.), os judeus crentes de Roma foram visitá-lo, e nada se fala de Pedro, visto que os judeus nada sabem acerca dessa "seita" que estava sendo impugnada. Se Pedro estava lá, como esses líderes judeus nada sabiam sobre o cristianismo (Atos 28:16-30)? Paulo escreve várias cartas da prisão em Roma (Efésios, Filipenses, Colossenses, Filemom) e envia saudações dos crentes de Roma às igrejas, mas não menciona Pedro.

Durante sua segunda prisão, Paulo escreveu sua última carta (2Timóteo), em 67 d.C. Paulo diz que todos os seus amigos o abandonaram e que apenas Lucas estava com ele (1Timóteo 4:10,11). Pedro estava lá? Se Pedro estava, faltou-lhe cortesia por nunca ter visitado e assistido Paulo na prisão.

Não há nenhum fato bíblico ou histórico em que Pedro transfira seu suposto posto de papa a outro sucessor. Não apenas está claro à luz da Bíblia e da história que Pedro não foi papa, como também não há nenhuma evidência bíblica ou histórica de que os papas são sucessores de Pedro.

Ainda que Pedro tenha sido o bispo de Roma, o primeiro papa da igreja (o que já está fartamente provado com irrefragáveis provas que não foi), não temos prova de que haja legítima sucessão apostólica; e, se tivesse, os supostos sucessores deveriam subscrever as mesmas convicções teológicas de Pedro. É absolutamente incongruente afirmar que o papa possa ser um legítimo sucessor de Pedro, quando sua teologia e sua prática estão em flagrante oposição ao que o apóstolo Pedro creu e pregou. Pedro condenou o que os papas aprovam!

Sua opinião é importante para nós.

Por gentileza, envie-nos seus comentários pelo e-mail:

editorial@hagnos.com.br